DÉPARTEMENT DU DOUBS

BESANÇON

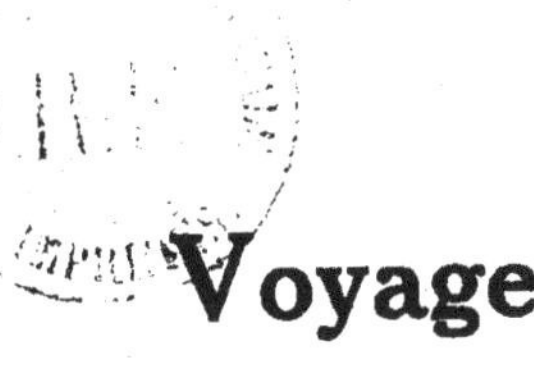

Voyage de M. le Président de la République

27 mai - 28 mai 1923

DÉPARTEMENT DU DOUBS

BESANÇON

Voyage

DE

M. le Président

DE LA

République

27 mai - 28 mai 1923

BESANÇON

Dimanche 27 mai

16 h. 45. — Arrivée à Besançon. — Le Président est salué par le Maire, les Adjoints, les Parlementaires, le Recteur, le Premier Président et le Procureur, .etc.

16 h. 50. — Départ en daumont pour la Préfecture. — Escorte.

17 h. 20. — Arrivée à la Préfecture.

17 h. 40 à 18 h. 30. — Réceptions officielles dans les salons de la Préfecture. — Présentation des Notabilités et des Sociétés.

18 h. 30 à 19 h. 40. — Repos.

19 h. 40. — Départ en auto pour le banquet au Casino de la Mouillère.

19 h. 45. — Banquet offert par le Département et la ville de Besançon.

DISCOURS du Président du Conseil général.
DISCOURS du Maire de Besançon.
DISCOURS d'un Parlementaire.
DISCOURS du Président.

21 h. 30. — Le Président se rend à pied sur le pont du Doubs. — Feu d'artifice.

21 h. 45. — Trajet du pont du Doubs au Théâtre.

21 h. 50. — Représentation de gala au Théâtre. — Cantate. — Poésies sur Pasteur.

22 h. 20. — Retour à la Préfecture.

Lundi 28 mai

8 h. 45 à 9 h. 30. — Promenade au fort Chaudanne.
(Seulement si le temps est beau.)

9 h. 30 à 9 h. 50. — Visite de l'Hôpital. — Le Président passe devant les Mutilés, Pupilles de la Nation, massés dans la cour d'entrée. Réception des Chefs de service de l'Hôpital dans la salle d'honneur et du Personnel dans le réfectoire. Visite du carrefour des 4 salles, de la pharmacie. Traversée des jardins et sortie par la porte de la Maternité.

9 h. 50 à 10 h. — Trajet de l'Hôpital à la Mairie en passant devant le Lycée, où se trouve le médaillon de Pasteur, et avec un court arrêt à la porte du Lycée de Jeunes Filles, qui est baptisé Lycée Louis Pasteur.

10 h. à 10 h. 10. — Réception dans les salons de la Mairie par le Conseil municipal. En descendant, présentation dans la cour des delégués des Sociétés de secours mutuels du département.

10 h. 10. — Arrivée au Palais de Justice. — Le Premier Président et le Procureur Général reçoivent le Président à la porte, le Recteur et le Doyen à l'entrée de la salle des Audiences solennelles.

10 h. 15 à 10 h. 55. — Séance solennelle.

DISCOURS du Premier Président.
DISCOURS du Recteur.

Signature des 4 Grands Livres de Besançon présentés :

Par le Maire de Besançon.
Par le Premier Président.
Par le Recteur.
Par le Président de la Chambre de commerce.

10 h. 55. — Départ pour le parc de Chamars par les quais du Doubs.

11 h. — Arrivée au parc de Chamars par le rond-point Canot.
Visite de l'Exposition des industries locales.

11 h. 20. — Retour à la Préfecture. — Repos.

12 h. — Déjeuner intime à la Préfecture.

13 h. 15 à 13 h. 30. — Repos.

13 h. 30. — Départ de la Préfecture (auto sans escorte).

13 h. 35 à 14 h. — Fête des enfants des écoles au parc de Chamars et défilé.

14 h. à 14 h. 15. — Trajet du parc de Chamars à la gare par la rue Battant.

14 h. 15. — Départ du train pour Mulhouse.

HISTORIQUE

FRANCHE-COMTÉ

La Franche-Comté est constituée par les régions dans lesquelles les Séquanes s'étaient installés dès le IIe siècle avant notre ère. Après la conquête romaine, la Séquanie devint une des plus grandes provinces de la Gaule avec sa capitale *Vesontio*. Ruinée par les barbares, elle fut envahie et occupée au Ve siècle par les Burgondes. Après la dislocation de l'Empire de Charlemagne, elle fit partie de la Lotharingie. Elle eut des comtes particuliers dès le Xe siècle et des mariages successifs la firent passer alternativement à l'Empire, à la France, puis aux ducs de Bourgogne. Après la mort du Téméraire, Louis XI s'en empara, mais Charles VIII la céda en 1493 à la Maison d'Autriche. A la mort de Charles-Quint (1558), la Comté passa à la branche espagnole de cette Maison, dans laquelle elle resta jusqu'à 1674. Conquise après une campagne de deux mois, elle fut définitivement annexée à la France par le traité de Nimègue de 1678.

BESANÇON

Vieille ville gauloise, oppidum de première importance, selon César, à l'époque romaine, Besançon connut une grande prospérité aux IIe et IIIe siècles de notre ère. Ruinée par les barbares au cours de diverses invasions du IVe au VIIIe siècles, elle fut relevée au XIe siècle par l'évêque Hugues de Salins, qui la restaura et la repeupla. Les citoyens, rejetant la domination des archevêques, s'érigèrent en commune libre au XIIIe siècle, et jusqu'au

XVIIe siècle se gouvernèrent librement par des magistrats élus chaque année : la cité était une ville libre relevant directement de l'Empire, qui n'intervenait que rarement dans ses affaires. En 1649, Besançon fut cédée par l'Empire à l'Espagne en échange de Frankenthal, mais cet échange ne fut ratifié qu'en 1668. Alors se produisit la première conquête française, au cours de laquelle Besançon ouvrit ses portes aux armées de Louis XIV sans combat ; en 1674 eut lieu, après un rude assaut, l'annexion définitive de la ville à la Patrie française. Besançon se développa considérablement au XVIIIe et au XIXe siècles.

HOTEL DE VILLE

La commune de Besançon, définitivement constituée et reconnue en 1290, existait déjà en fait depuis 1259, époque où elle fit fabriquer son premier sceau. Elle fut d'abord installée dans des logis d'emprunt. Au XIVe siècle, elle acheta diverses maisons en face de l'église Saint-Pierre, y tint des réunions et y installa ses services. Un hôtel de ville fut construit en 1393 sur l'emplacement de ces maisons ; au XVIe siècle, on le jugea insuffisant, la prospérité de la ville s'étant considérablement accrue, *et on bâtit, de 1569 à 1573, la façade actuelle.* En 1567, dans la niche actuellement vide, se trouvait une statue de Charles-Quint chevauchant un aigle, œuvre du sculpteur Lulier.

PALAIS GRANVELLE

Nicolas Perrenot de Granvelle, né à Ornans, devenu chancelier de Charles-Quint, fit édifier le palais qui porte son nom, de 1534 à 1540. La ville lui fournit gracieusement le bois nécessaire aux bâtiments et une concession d'eau. Il fit relier son palais pâr un pont couvert au couvent des Carmes, dans la chapelle desquels il voulut être enterré à sa mort, en 1550. Il avait réuni dans son palais une collection admirable de tableaux et de livres dont les épaves sont au Musée et à la Bibliothèque de la ville. Après la conquête de Louis XIV (le roi vint loger dans le palais lors de sa visite en 1683), le palais fut loué puis acheté en 1712 aux Saint-Amour, héritiers de Granvelle, par la ville qui y logea au XVIIIe siècle les gouverneurs de la province.

La ville aliéna le palais en juillet 1793, afin de pouvoir payer ses dettes ; elle le vendit pour 98.200 livres à un particulier. Les héritiers de celui-ci revendirent le palais Granvelle à la ville en 1864 pour 350.000 fr.

La statue du cardinal de Granvelle, fils du constructeur du palais, œuvre du sculpteur Petit, a été érigée dans la cour en 1898.

PRÉFECTURE

Au XVIIIe siècle, l'intendant de Lacoré, résidant à la Vieille Intendance, Grande-Rue, trouvant ce logis délabré et insuffisant, eut l'idée de construire un nouvel hôtel d'Intendance aux frais de la province, dans le quartier inhabité de Chamars.

Les plans en furent dressés par l'architecte Louis, auteur du Grand Théâtre de Bordeaux, et l'architecte Nicole fut chargé de les exécuter. Les travaux durèrent de 1771 à 1778 et coûtèrent 611.000 livres.

Transformations au commencement du XIXe siècle.

Appelée Palais Monsieur sous la Restauration après la visite du comte d'Artois.

Y sont descendus : Louis-Philippe, le Prince Président L. Napoléon, Mac-Mahon, Carnot et Fallières.

FORT CHAUDANNE

419 m. d'altitude. — L'histoire rapporte que le 10 mai 1674 Louis XIV monta sur la colline de Chaudanne pour

assister de là à la prise d'assaut de la ville. Après la conquête, Louvois insista sur la nécessité d'y construire un fort, mais Vauban s'y opposa, déclarant que si l'ennemi s'en emparait, la citadelle et la ville seraient réduites à merci. C'est ce qui eut lieu lors du siège de 1674. Une lunette y fut installée en 1791 par le général Michaud d'Arçon, l'inventeur des batteries flottantes, et remplacée par un fort pentagonal en 1837-1846. Après la guerre de 1870, le fort de Chaudanne fut considérablement renforcé.

M. le Président verra du haut du fort de Chaudanne

LES FORTIFICATIONS DE VAUBAN

Dès l'époque gauloise et romaine, une muraille entourait la ville de Besançon, installée sur la citadelle et ses pentes. Au moyen âge, des murs plus importants avec fossés défendaient l'accès des quartiers de Charmont, Arènes et Battant. Au XVIe siècle, ces murs furent renforcés par la construction des tours de Rivotte, de la tourelle de la Porte Taillée, de la tour Notre-Dame et de la tour de la Pelote. En 1595 fut construit le fort Griffon, entre les portes de Battant et Charmont.

Charles Quint appelait Besançon *l'un des boucliers* de son vaste Empire.

En 1668, après la capitulation, Vauban eut mission de transformer Besançon en place forte de premier ordre et fit commencer l'établissement de la citadelle. Mais Besançon rendue aux Espagnols, les fortifications françaises furent continuées par l'ingénieur hollandais Verboom.

En 1764, la ville et la citadelle reprises après un double siège commandé par Louis XIV, Vauban profitant de la destruction de la cathédrale Saint-Etienne à la suite d'une explosion de poudre en 1674, fit raser tous les bâtiments qui occupaient la colline dite Saint-Etienne et y construisit la citadelle avec ses trois fronts : front Saint-Etienne, front Royal, front de Secours. En même temps, il fit entourer toute la ville d'une enceinte de remparts englobant les trois quartiers de la rive droite ainsi que toute la presqu'île. Il renforça cette enceinte d'un second rempart sur la rive gauche du Doubs, de Chamars à Rivotte, et c'est à cette occasion que furent construits les quais qui portent le nom de Vauban. Ces travaux furent exécutés sous la direction de Vauban, par les ingénieurs Robelin, et achevés en 1711. La ville avait coopéré à la construction de ces fortifications pour une somme de 300.000 livres.

HOPITAL

Dès le XIIe siècle, il existait trois principaux hôpitaux à Besançon : l'hôpital Saint-Jacques, l'hôpital Saint-Antoine, l'hôpital du Saint-Esprit, ce derner fondé en 1203 par Jean de Montferrand pour secourir les malades et recueillir les enfants trouvés.

L'hôpital Saint-Antoine cessa bientôt de fonctionner. Au XVe siècle, l'hôpital du Saint-Esprit s'annexa l'hôpital Saint-Jacques. L'hôpital du Saint-Esprit recevait les femmes en couches et les enfants trouvés. L'hôpital Saint-Jacques fut réservé aux malades.

A la fin du XVIe siècle, la ville se chargea directement de l'administration de l'hôpital Saint-Jacques, puis, en 1666, se déchargea de ce soin sur un bureau d'administration composé de notables citoyens. C'est alors que se fonda, en 1672, la communauté de religieuses qui subsiste encore aujourd'hui, à l'hôpital.

Les bâtiments de Saint-Jacques des Arènes étant insuffisants, on décida, après la conquête française, de construire un nouvel hôpital qui fut élevé à Chamars sur un terrain donné par l'archevêque de Grammont. Les plans en furent dressés par l'architecte parisien Royer. Les constructions étaient terminées en 1702, et l'hôpital était si magnifique qu'on cite le mot d'un ministre de Louis XIV qui, traversant Besançon, s'était écrié : « Ici, ce sont les gueux qui sont le mieux logés. » La grille de l'hôpital fut exécutée à Rans par le serrurier Nicolas

Chappuis et achevée en 1703. La pharmacie, dont les faïences des XVe et XVIe siècles, les pilastres et les trumeaux du XVIIe siècle constituent un ensemble très curieux, a été donnée à l'hôpital Saint-Jacques par l'apothicaire Gabriel Gascon en 1692.

PALAIS DE JUSTICE

En 1676, quand le Parlement de Dole fut transféré à Besançon, la ville lui céda pour son installation les bâtiments qui se trouvaient construits parallèlement à la façade de son hôtel de ville, au fond de la cour. Il n'y avait pas alors de séparation entre tous ces corps de logis, la rue qui passe devant le palais de justice n'ayant été percée qu'en 1897.

Le centre de la façade du palais de justice a été construit de 1582 à 1585, sur les plans du grand architecte Hugues Sambin, l'auteur du célèbre portail de Saint-Michel de Dijon.

Des travaux considérables eurent lieu au XVIIIe siècle et au XIXe siècle pour l'aménagement et l'agrandissement du palais. La salle des *Audiences solennelles* fut construite entre 1745 et 1749. Elle servit de théâtre durant la Révolution aux Assemblées décadaires. Son plafond a été à une époque récente décoré d'une composition du peintre Paul Gervex, mais les sculptures anciennes sont splendides.

La restauration du palais a été commencée en 1895 sous la direction de l'architecte Ducat, continuée par les architectes Simonin et Saint-Ginest. De cette époque datent les bâtiments qui encadrent la façade d'Hugues Sambin et qui se prolongent dans les deux rues adjacentes. D'anciennes tapisseries et de belles pendules proviennent de l'ancien Parlement.

CHAMARS

Ce terrain aurait servi de Champ de Mars pour les exercices militaires dès l'époque romaine. Au moyen âge, il devint la propriété des archevêques, souverains de la ville. Après la conquête française, l'Administration revendiqua Chamars comme un terrain militaire et y éleva des remparts précédés d'un fossé plein d'eau. Elle autorisa cependant la ville à en utiliser une partie comme promenade publique. Des plantations de tilleuls y eurent lieu en 1708. Au XVIIIe siècle, la ville fit dessécher ce terrain, qui était très marécageux, et Chamars devint la principale promenade de la ville. Une dérivation du Doubs la traversait dans toute sa longueur et un pont reliait ce qu'on appelait le Petit et le Grand Chamars. Ce canal fut comblé au XIXe siècle.

HYGIÈNE GÉNÉRALE

Les efforts du Conseil général du Doubs et du Préfet ont surtout porté sur des réalisations en matière d'hygiène générale. Les institutions dont la nomenclature suit ne sont pas des projets, elles fonctionnent et donnent des résultats. Il n'est fait mention que des organismes non obligatoires, créés avant que les circulaires ministérielles aient invité les départements à les réaliser.

INSPECTEUR DÉPARTEMENTAL D'HYGIÈNE.
LABORATOIRE DÉPARTEMENTAL DE BACTÉRIOLOGIE.
INSPECTION MÉDICALE DES ENFANTS DES ÉCOLES.
DÉSINFECTION PAR AUTOMOBILES.
OFFICE DÉPARTEMENTAL D'HYGIÈNE SOCIALE ET DE PRÉSERVATION ANTITUBERCULEUSE.
OFFICE DES HABITATIONS A BON MARCHÉ.
MAISON MATERNELLE POUR PRÉVENIR LES ABANDONS D'ENFANTS.
CLINIQUE DÉPARTEMENTALE ANTICANCÉREUSE A RADIOTHÉRAPIE PROFONDE.
DISPENSAIRE ANTIVÉNÉRIEN.
COMMISSION DE NATALITÉ ET SON ŒUVRE.
PRIMES DÉPARTEMENTALES A LA NATALITÉ.
ŒUVRES D'HYGIÈNE DU CONSEIL MUNICIPAL DE BESANÇON.

Inspecteur départemental d'hygiène

Créé en novembre 1919. — Conseil général : 20.000 fr.

Son service, depuis 4 ans, a décuplé d'importance. Il est devenu le plus considérable de la préfecture.

L'inspecteur départemental d'hygiène n'a pas été nommé au concours. Le Préfet a d'abord tenu un contact étroit avec les médecins du département et leur syndicat. Ce n'est que lorsque les médecins ont montré leur désir de s'associer à l'œuvre administrative que, parmi eux, l'inspecteur départemental a été choisi et que l'œuvre a commencé.

Laboratoire départemental de bactériologie

Créé en décembre 1919. — Conseil général : 19.000 fr.

Hôpitaux, médecins, particuliers, non seulement ont rendu ce laboratoire indispensable, mais en ont fait une affaire merveilleuse. Les analyses de toute la Franche-Comté y affluent et nous atteindrons cette année le chiffre de 30.000 fr. de recettes pour les analyses payantes qui ne représentent que le tiers des analyses effectuées. Nous pensons qu'un rendement pareil avec 19.000 fr. de frais généraux représente un exemple unique.

Inspection médicale des enfants des écoles

Créée le 29 janvier 1920. — Conseil général : 100.000 fr.

Il s'agissait de mettre sur pied un service qui permît d'examiner à fond, trois fois par an, les 46.000 enfants des écoles publiques ou privées du département. Aux difficultés sans nombre que le Préfet a rencontrées, on peut comprendre pourquoi *aucun département* n'a pu envisager encore une pareille organisation. 60 médecins sont chargés de cette inspection qui fonctionne depuis janvier 1920. Chacun des 46.000 enfants possède aujourd'hui un livret de santé individuel et une fiche de mensuration. L'écueil à éviter était de ne faire que de la statistique et une sorte de carte géographique sanitaire du département.

Les buts atteints sont les suivants :

1° Le médecin inspecteur, aussitôt après la visite de l'école, se rend auprès du maire et l'entretient de l'état des locaux scolaires. Cette conversation est plus efficace que les paperasses ; en effet, 90 % des locaux scolaires défectueux ont été remis en état ;

2° Les parents, par crainte de la visite inopinée des docteurs, envoient à l'école des enfants plus propres et mieux tenus ;

3° Cette année, 400 enfants prétuberculeux ont été signalés et sont recueillis par un *Office spécial* doté par le département de 50.000 fr. de subvention et alimenté par des dons particuliers, Office qui les soigne pendant l'année scolaire, les envoie dans des colonies de vacances, ou les confie en montagne à des particuliers. Les communes de la montagne se sont intéressées à cette œuvre et ont créé, pour leur part, environ 150 bourses de vacances scolaires ;

4° Les parents invités par le médecin inspecteur à surveiller telle partie faible de leur enfant suivent cet avis dans la plupart des cas ;

5° Développement des jeux et exercices physiques.

Le département du Doubs est le seul département qui a créé l'inspection médicale des enfants des écoles. Elle fonctionne dans le département depuis trois ans.

Désinfection

Créée en septembre 1920. — Conseil général : 160.000 fr.

Un service automobile a été créé dans chaque chef-lieu d'arrondissement pour transporter rapidement les étuves de désinfection au point signalé. Quatre moniteurs d'hygiène, nommés au concours, dirigent chacun des quatre postes. Les automobiles sont aménagées de telle sorte qu'elles peuvent servir aussi au transport, dans les hôpitaux, des blessés ou des malades gravement atteints. Ce service automobile est utilisé aussi par les dames visiteuses s'occupant de prophylaxie dans nos campagnes.

Office départemental d'hygiène sociale et de préservation antituberculeuse

Créé en décembre 1920

Cet Office central a été créé, trois ans avant que le Ministère ne le conseille, pour coordonner les efforts des œuvres dans la lutte contre la tuberculose. Il laisse à chaque œuvre une autonomie absolue, mais il groupe autour d'une même table, présidée par le président du Conseil général, les délégués des diverses œuvres laïques, catholiques ou protestantes du département. Il est chargé d'éviter le double emploi des fonds et de favoriser l'éclosion d'œuvres nouvelles, suivant les besoins. Voici quelques œuvres groupées sous son patronage :

Dispensaire antituberculeux de *Besançon* (3.500 visites, 1.000 consultations par an) ;

Dispensaire antituberculeux de *Baume-les-Dames ;*

Dispensaire antituberculeux de *Pontarlier ;*

Dispensaire antituberculeux de *Montbéliard.*

(600 enfants), Préventorieum de Bregille ; (500 enfants), Préventorium de Palente : réservés aux enfants de 8 à 12 ans ;

(60 enfants), Maison de Bellevue : préservation des enfants du premier âge (0 à 2 ans) ;

(100 malades), Sanatorium de Villeneuve-d'Amont : station d'altitude (600 mètres) et de traitement.

Les hôpitaux et les crèches du département sont représentés dans ce Conseil.

Office des habitations à bon marché

Créé en septembre 1919. — Conseil général : 50.000 fr.

Cet Office, créé en même temps que ceux des autres départements, a sur le chantier cette année *1.600.000 fr. de travaux,* soit à Besançon, soit à Pontarlier.

Maison maternelle de Châteaufarine

Créée en avril 1922. — Conseil général : 100.000 fr.

Cette Maison, pour laquelle un docteur de la ville a fait un don de 50.000 fr., repose sur le principe suivant : un enfant abandonné coûte au département 13.000 fr. depuis son dépôt aux Enfants assistés jusqu'à ce qu'il gagne sa vie. Eviter cinq abandons d'enfants par an, sur les 60 que recueille en moyenne le département, représente donc une économie de 65.000 fr. La Maison maternelle de Châteaufarine, dont l'entretien ne coûte que 50.000 fr., recueille, quelquefois avant l'accouchement, les mères dans le dénûment qui n'auraient pu conserver leur enfant en sortant de la Maternité. Elle les garde de trois à cinq mois pendant lesquels la mère s'attache à son enfant. Une infirmière visiteuse les soutient moralement, leur cherche une place, et continue le contact après la sortie de la Maison. Châteaufarine n'a rien d'administratif, c'est une maison fermière au milieu d'un beau domaine. Les résultats en sont déjà excellents.

Nous comptons, par cette œuvre, conserver une mère à cinq ou dix enfants et réaliser, de plus, une notable économie.

Clinique départementale anticancéreuse à radiothérapie profonde

Créée en septembre 1922. — Conseil général : 90.000 fr.

Le Conseil général a créé à l'hospice départemental de Bellevaux un service anticancéreux composé de deux salles pour douze malades et de chambres particulières, ainsi qu'une salle d'opérations de chirurgie. Une quantité suffisante de radium a été prêtée par un chirurgien de la ville et un appareil de radiothérapie profonde, d'une valeur de 45.000 fr., a été commandé à la maison Gaiffe. Ce service, déjà installé, fonctionnera dans les derniers mois de 1923. Les analyses de tissus sont faites dans un laboratoire spécial.

Dispensaire antivénérien de l'hôpital Saint-Jacques

Créé en septembre 1922. — Etat, Département et Ville : 25,000 fr.

Ce service, doté des perfectionnements les plus modernes, est dirigé par le directeur municipal des Services d'hygiène de Besançon.

Natalité et primes communales

Créé en mars 1920. — Effort des Communes : 100.000 fr.

Natalité. — Le Ministre de l'Hygiène a bien voulu informer le Préfet que la Commission de la natalité du

Doubs tenait le premier rang comme vitalité et efficacité. Le département réalise tout ce qui est actuellement et humainement possible pour augmenter la natalité.

1° C'est le Doubs qui possède le plus grand nombre de communes ayant voté des primes de 300 fr. par enfant au delà du troisième. Le département aide les communes qui font cet effort, en outre des primes départementales qu'il vient de créer ;

2° Le département crée des sacs d'accouchement communaux, déposés à chaque mairie, contenant antiseptiques, appareils, sérums et du linge. Les sages-femmes sont attentivement surveillées.

Primes départementales à la natalité

Créées en avril 1923. — Conseil général : 230.000 fr.

Au cours de la session d'avril 1923, le département du Doubs a voté le principe de primes départementales à la natalité et l'ouverture d'un crédit de 230.000 fr. pour ces primes, qui joueront à partir du 1er janvier 1924.

Ainsi se termine et se ferme le cycle des organismes d'hygiène générale du département du Doubs, cycle le plus complet qu'un département ait pu se donner avec ses propres ressources, car le Doubs n'a demandé d'aide à l'Etat que lorsque les œuvres étaient en pleine activité et leur rendement assuré.

Œuvres d'hygiène réalisées par la ville de Besançon

Antérieurement à ces dernières années, les œuvres d'hygiène de la ville de Besançon n'étaient représentées que par le bureau d'hygiène, un service rudimentaire de désinfection, des consultations de nourrissons, la crèche Bersot et la surveillance des prostituées. La mutualité sous toutes ses formes était à ses débuts.

Les progrès réalisés depuis comprennent :

La création d'un service complet de désinfection ; la réorganisation du bureau d'hygiène et son intervention

2

dans la constitution du casier sanitaire des immeubles et dans les organisations nouvelles.

L'alimentation en eau : installation d'un service de surveillance au plateau et javellisation des eaux.

La lutte antivénérienne : surveillance des prostituées, création d'une *consultation de prénatalité* pour le dépistage de la syphilis ; création *d'un dispensaire antivénérien* avec service de consultation et de traitement.

La lutte contre la mortalité infantile a développé les crèches du canton nord et perfectionné la Société d'encouragement à l'allaitement maternel.

La création des visiteuses de l'enfance, pour la surveillance des enfants en bas âge et l'enseignement de la puériculture aux fillettes.

L'organisation d'un sac d'accouchement destiné à parer aux éventualités dans les milieux dépourvus de ressources ou dans les cas d'urgence.

Le développement des garderies et des colonies scolaires de vacances ; la création d'une revue populaire d'hygiène pour les enfants des écoles, avec le concours du laboratoire.

L'installation de bains-douches et de jardins ouvriers.

L'encouragement à la repopulation se traduit par des *primes à la natalité* et des allocations aux familles nombreuses.

Les travaux en cours d'exécution comprennent : *l'adduction des eaux potables,* la *construction d'égouts* et *d'un frigorifique,* pour une somme globale de 2.575.000 francs.

La ville prévoit en outre l'installation d'un réseau complet d'égouts, l'organisation d'un service d'inspection dentaire, et la création d'une école de plein air et d'une école d'arriérés et d'anormaux.

ŒUVRES RÉGIONALES

Les œuvres et les organismes que nous allons énumérer ont été créés pour la plupart dans les années 1920 et 1921, alors que Besançon espérait devenir la capitale d'une région de Franche-Comté. Si cet espoir a disparu pour le moment, les œuvres restent au bénéfice de ce département, et seront des titres à ajouter aux droits historiques de Besançon quand la question des régions sera reprise:

- UNION FRATERNELLE DES ASSOCIATIONS AGRICOLES DE FRANCHE-COMTÉ.
- FÉDÉRATION TOURISTIQUE DE FRANCHE-COMTÉ.
- FACULTÉ LIBRE DE DROIT.
- LABORATOIRE DE RECHERCHES SCIENTIFIQUES AGRICOLES.
- LABORATOIRE D'ESSAIS INDUSTRIELS.
- RÉÉDUCATION DES MUTILÉS.
- ÉCOLE NATIONALE D'INDUSTRIE LAITIÈRE DE MAMIROLLE.
- ENSEIGNEMENTS TECHNIQUES D'AGRICULTURE.
- ÉCOLE NATIONALE D'HORLOGERIE DE BESANÇON.
- EFFORT DU DOUBS POUR AIDER LES RÉGIONS DÉVASTÉES.
- EMPRUNT DÉPARTEMENTAL A 5 % ET AU PAIR.

Union fédérative des Associations agricoles de Franche-Comté

Septembre 1920

Elle comprend les agriculteurs de la Haute-Saône, du Jura, du Doubs et du Territoire de Belfort, et aussi ceux de la région de Nantua, dans l'Ain. Un journal hebdomadaire régional agricole, *Le Cultivateur comtois*, est créé et un comptoir d'achats en commun est constitué.

Cette Union fédérative était en pleine activité au moment où, en 1920-1921, on espérait la formation des régions, elle s'est, à la vérité, relâchée depuis l'abandon du projet.

Fédération touristique de Franche-Comté

Fédérée en août 1920

Cette Fédération a pris une ampleur telle, par ses initiatives et par l'organisation, que l'Union centrale de Paris et le Touring ont voulu, comme récompense, tenir à Besançon, en 1920, le premier Congrès du tourisme après la guerre. Malgré les difficultés de la construction, elle a réussi à édifier deux hôtels à Morteau et au Pailly. Trois grands circuits touristiques quotidiens d'auto-cars fonctionnent régulièrement pendant la belle saison.

Faculté libre de droit

Créée en juillet 1920. — Conseil général : 2.000 fr.

Une Faculté libre de droit a été créée en juillet 1920, à Besançon. Le nombre des élèves de cette Faculté atteint une soixantaine et est deux fois plus élevé que celui des élèves de la Faculté de droit de Dijon.

Laboratoire de recherches scientifiques agricoles

Créé en juin 1920. — 90.000 fr. provenant de l'Etat, du Département et des Sociétés agricoles

Un professeur, titulaire d'une chaire magistrale, appointé par l'Instruction publique, est mis complètement à la disposition des agriculteurs pour effectuer des recherches sur les maladies des animaux et des plantes et aussi pour sélectionner les semences de la région. Ses frais de laboratoire sont alimentés par les Sociétés agricoles. Un domaine de 50.000 fr. vient de lui être acheté comme terrain d'expériences. Ce professeur appartient à la Faculté des sciences de Besançon, qui plonge ainsi des racines profondes dans la vie agricole de la région. Cette création date de trois années et précède le projet en cours au Ministère de l'Agriculture. Pour la première fois, Agriculture, Instruction publique et département soutiennent de leurs fonds communs un même organisme. L'ensemble des Services agricoles de ce professeur de Faculté comporte un budget de 80.000 fr. par an.

Laboratoire d'essais industriels

Créé en mars 1920. — 20.000 fr., Département et Chambre de commerce

La même jonction a été opérée entre l'Instruction publique, la Chambre de commerce et le département en créant, à l'usage des industriels, des laboratoires dits « d'essais », subventionnés par les industriels, où trois professeurs de la Faculté des sciences travaillent pour les industries de la région et en collaboration avec elles. De récentes découvertes faites dans ces laboratoires, sur des matières colorantes, sur des alliages de métaux, sur des produits de remplacement, sont utilisées dès aujourd'hui par nos industries.

Rééducation des mutilés

Janvier 1920

Le centre de rééducation de Palente, près Besançon, qui comprend de 50 à 80 mutilés, est considéré par le Ministère des Pensions comme un modèle. Il existe d'ailleurs un très petit nombre de ces centres en France.

Ecole nationale d'industrie laitière de Mamirolle

Septembre 1920. — Conseil général, 50.000 fr.; Etat, 250.000 fr., pour l'aménagement

Cette Ecole régionale a été prise en charge par l'Etat en 1921. Un crédit de 300.000 fr. environ servira à moderniser cette Ecole, dont l'existence avait été menacée et qui devient maintenant l'espoir de l'industrie fromagère de la région.

Enseignement technique d'agriculture

Créé en septembre 1920. — Conseil général : 25.000 fr.

a) L'enseignement d'hiver, très goûté dans nos campagnes, a été rénové depuis 1920.

b) L'enseignement ménager est fourni par des équipes ambulantes d'institutrices ménagères (à Montbéliard, école ménagère fixe).

c) L'enseignement postscolaire agricole du Doubs a été un des modèles sur lesquels les Ministères de l'Agriculture et de l'Instruction publique ont établi leurs projets. Le dévouement des instituteurs a dépassé toute attente. 12 écoles publiques ont été créées en 1920, qui donnent l'enseignement postscolaire agricole.

Ecole nationale d'horlogerie de Besançon

Février 1921

Cette Ecole régionale, la plus importante de France, après celle de Cluses, est nationalisée et va être reconstruite aux frais de l'Etat dans le mois de juillet 1923 (projet voté par les Chambres : 2 millions).

Effort du Doubs pour aider les régions dévastées

1919-1922. — Trois millions de francs

En 1920, le Préfet a fait appel aux communes du département qui ont répondu avec enthousiasme. Cet appel a été entendu parce qu'il reposait sur les deux idées suivantes :

1° Le Doubs achètera les produits de son sol et de son industrie à l'aide de subventions versées ;

2° Il les enverra, sans coulage d'aucune sorte, directement et sans intermédiaire, dans le canton dévasté qu'il adoptera.

Le total de la souscription a atteint *quatorze cent mille francs,* qui ont été employés à envoyer dans le canton de Bourgogne (Marne), adopté par le département, les produits du pays (bois, bestiaux, quincaillerie). Cet effort a été *triplé* du fait que le canton de Bourgogne a tenu à payer 66 % de la valeur des produits pour alimenter à nouveau la caisse de secours. Cette somme a été souscrite uniquement par les communes. Les industriels et les particuliers ont fourni un effort analogue. De plus, quarante à cinquante communes ont adopté des villages dévastés. Les Compagnies de chemins de fer ont transporté gratuitement ces millions de produits.

Il faut remarquer dans cette œuvre que le Doubs a exporté environ 4 millions de produits, alors qu'il n'a offert que 1.400.000 fr. d'argent. On peut donc dire que les bénéfices réalisés sur l'ensemble des achats, quoique très réduits, ont rémunéré le département d'une grande partie de son offrande. Quant aux régions dévastées, elles ont pris possession de 4 millions de produits à 65 % meilleur marché que les cours pratiqués en 1920 et 1921 dans ces régions.

Dans le classement officiel établi par le Ministère des Régions dévastées, le département du Doubs obtient le premier rang, doublant l'effort du second de la liste.

Emprunt départemental à 5 % et au pair

Dans le courant de l'année 1922, un emprunt départemental a été réussi dans des conditions exceptionnelles. En pleine émission de bons du Trésor à 6 1/2 %, le département s'est vu offrir, grâce à la manière dont l'opération a été conduite, 5.050.000 fr. à 5 % net, au pair, en obligations de 1.000 fr.

Le Préfet, dans son exposé au Conseil général, a pu résumer les résultats de l'emprunt de la manière suivante :

« Messieurs, votre emprunt a réussi.

» Les résultats sont les suivants :

» 1° Le public de votre département a prouvé qu'il » comprenait à merveille les raisons d'intérêt régional » que vous aviez fait valoir dans la notice qui portait » votre signature et que ces raisons lui ont paru suffi- » santes pour vous offrir de l'argent à 5 % et au pair ;

» 2° Vous économisez chaque année près de 100.000 fr. » d'intérêts à solder, c'est-à-dire vous économisez, en fin » de compte, plus de 2.000.000 de francs ;

» 3° Les 400.000 fr. qui servent à payer les arrérages » et l'amortissement de vos titres, en fin de compte

» 10.000.000 de francs, restent dans votre département
» et en accroissent la prospérité ;

» 4° Vous avez réussi cet emprunt dans des conditions
» intégralement défavorables et auprès des particuliers
» et auprès des communes. Vous pouvez donc avoir les
» meilleures assurances sur votre crédit dans l'avenir,
» quand les affaires auront repris et que les communes,
» débarrassées de leurs gros travaux, retireront de leur
» bois des bénéfices légitimes ;

» 5° Vos communes verront leurs disponibilités leur
» rapporter 5 % au lieu de 1 %, et elles auront la possi-
» bilité de récupérer leurs capitaux ;

» 6° Un crédit départemental, reposant sur des biens
» départementaux, est désormais ouvert et un marché
» d'échange de ces titres fonctionnera aisément. Les
» fonds ne seront donc pas immobilisés ;

» 7° Enfin, l'Administration, qui a conduit cette opé-
» ration, s'est vue entourée de la confiance de tous.
» Cette constatation, d'importance moins considérable
» que les précédentes, m'est, vous n'en doutez pas, Mes-
» sieurs, infiniment précieuse. »

SITUATION ÉCONOMIQUE

Le département du Doubs est très équilibré dans ses productions ; il est à la fois agricole, magnifiquement boisé et il possède de puissantes industries.

AGRICULTURE.

BOIS.

INDUSTRIES.

MOUVEMENT SYNDICAL.

L'ÉLECTRICITÉ DANS LES COMMUNES.

L'INDUSTRIE LAITIÈRE.

L'INDUSTRIE HORLOGÈRE.

Agriculture

Les associations agricoles sont les plus anciennes de France et très riches (blé, avoine et fourrage). La situation agricole paraît assez satisfaisante. Bien que les pluies de février aient été un obstacle à l'exécution des travaux des champs, il n'apparaît pas que les céréales en terre aient eu à souffrir de l'humidité. Il existe de nombreuses Sociétés d'élevage (cheval franc-comtois et race bovine montbéliarde).

Bois

Les bois couvrent tous les hauts plateaux jurassiques du département et sont une source de revenus considérables pour 350 communes du département, qui jouissent des privilèges très anciens de l'affouage.

Industries

Les principales industries du département sont les suivantes :

Les industries métallurgiques produisent des autos, de la quincaillerie, des machines agricoles, des machines à écrire (Maisons Peugeot, Japy, Schneider, Zedel).

Les tissages (Maisons Japy).

Industrie horlogère (Maisons Lipmann, Ulmann, Geismar, Antoine, etc...) ; fabriques de boîtes de montres Lévy, etc.) ; fournitures d'horlogerie à Maîche, Damprichard, Charquemont.

Soie artificielle, bonneterie.

Le bassin industriel de Montbéliard compte à lui seul 35.000 ouvriers.

La situation économique est assez bonne, les marchandises sont abondantes, les transactions sont actives, sauf dans l'horlogerie où les journées de travail ont dû être réduites à 4 ou 5 jours par semaine. Mais toutes les denrées de première nécessité ont une tendance marquée à la hausse continue.

Les indices des prix enregistrent une augmentation plus sensible en février et mars qu'en janvier. L'indice général du prix de gros qui était 418 à la fin de 1922 est passé à 447 en janvier pour arriver à 487 en février et mars. Toutes les denrées d'origine agricole accusent une hausse considérable par rapport aux cours pratiqués pendant la période correspondante de 1922.

La crise du logement persiste : les quelques personnes qui avaient tenté de construire en raison de la diminution des prix des matériaux constatée au cours de l'année 1922, abandonnent en raison de la nouvelle hausse. Toutefois, l'Office départemental des habitations à bon marché est très actif ; nous reconstituons une Société départementale de crédit immobilier sur de très larges bases. Comme le franc s'améliore, on peut espérer que la crise a atteint son maximum d'acuité.

Développement de l'électricité dans le département

Le nombre de communes ayant une distribution d'électricité dans le département du Doubs est de 300 sur 632. Le nombre n'en était que de 220 en 1920. La longueur des canalisations installées, tant pour les lignes primaires que pour les réseaux de distribution, est d'environ 2.000 kilomètres. Quelques-unes de ces communes se sont constituées en syndicats sous l'empire de la loi de 1884 modifiée par la loi de 1890. Le département du Doubs possède actuellement 4 syndicats réunissant chacun 10 à 12 communes associées. Le premier en date est le Syndicat de Labergement-Sainte-Marie, qui date de 1904 et qui est probablement le premier syndicat de ce genre constitué en France.

L'électricité est produite dans 45 usines, toutes hydrauliques, à l'exception de l'usine thermique de Besançon. Sur ces 45 usines, d'une puissance totale de 30.000 HP environ, 25 produisent exclusivement de l'électricité ; pour les 20 autres, l'électricité n'est qu'un accessoire de la production normale (scieries, moulins, etc...).

Les principales usines productives d'électricité sont l'usine du Refrain, sur le Doubs (12.000 HP) ; l'usine de Mouthier, sur la Loue (12.000 HP) ; l'usine du Moulin du Pré, sur le Doubs (500 HP) ; l'usine de la Goule, sur le Doubs (900 HP) ; l'usine du Syndicat de Labergement-Sainte-Marie, sur le Doubs (180 HP).

Dans le département de la Haute-Saône, le nombre des communes éclairées est de 180. Le nombre d'usines hydro-électriques est de 31 avec une puissance totale de 15.000 HP.

Dans le département du Jura, le nombre de communes éclairées est de 200. Le nombre d'usines hydro-électriques est de 35, avec une puissance totale de 10.000 HP.

L'industrie laitière dans le Doubs

L'industrie de la transformation du lait en fromage de gruyère est particulièrement développée dans la par-

tie montagneuse de Montbéliard, Baume-les-Dames, Besançon et la totalité de l'arrondissement de Pontarlier.

La fabrication du fromage de gruyère s'effectue dans des « chalets », qui appartiennent soit aux communes, soit à des sociétés dites sociétés de « fruitière », qui sont des groupements de cultivateurs, de forme coopérative, souvent simples groupements de fait, ne possédant pas de statuts et comportant pour leurs adhérents l'obligation de porter à la fromagerie la totalité de leur lait (sauf celui destiné à l'élevage).

Ces groupements sont très anciens, un document datant de 1288 établit qu'il existait à cette époque une fruitière à Déservillers, commune du canton d'Amancey, arrondissement de Besançon.

Le département du Doubs compte environ 280 chalets de fruitière (le Jura en compte plus de 500). Plus de la moitié de ces chalets appartiennent aux communes. Il serait à désirer que les producteurs de lait eux-mêmes, groupés en sociétés coopératives, deviennent propriétaires de ces chalets, auxquels ils pourraient apporter toutes les améliorations utiles, tant à l'immeuble qu'au matériel de fabrication, grâce à l'intervention du Crédit agricole mutuel auquel seraient demandées les avances nécessaires.

Le type de fromage fabriqué le plus communément dans nos montagnes est le gruyère dit « Comté », dont le poids moyen est de 40 à 60 kilogs. Un certain nombre de fromageries fabriquent depuis une vingtaine d'années du gruyère type Emmenthal, du poids moyen de 80 à 100 kilogs par pièce, que le commerce paie plus cher que le Comté. Celui-ci a pourtant des qualités de finesse et de saveur que ne possède pas l'Emmenthal, et il faudrait souhaiter que les perfectionnements de l'industrie locale portent sur la fabrication du type Comté, qui doit devenir une appellation d'origine spéciale au pays.

Les progrès à apporter dans la fabrication du gruyère sont facilités par l'Ecole nationale d'industrie laitière de Mamirolle qui, fondée en 1888, a formé aujourd'hui, plus de 750 élèves réguliers et qui s'efforce actuellement de développer l'enseignement tant théorique que pratique de la fabrication du gruyère.

L'industrie horlogère dans le Doubs

Depuis 125 ans, l'horlogerie est la gloire industrielle de notre région. Elle occupe d'importantes usines, où des machines admirables de précision produisent de menues pièces, et on la retrouve dans une infinité de chambres d'artisans, où lesdites pièces sont assemblées et où la montre prend vie.

Elle règne dans la grande cité bisontine, centre français de cette belle industrie, comme dans maintes communes de la montagne et de la vallée du Doubs.

Il peut exister des industries plus importantes, il n'en est pas qui exige à la fois tant de précision, tant de goût, tant de savoir et d'habileté, et le métier d'horloger est bien de ceux qui révèlent le mieux les grandes qualités de l'artisan français.

Toute une classification s'établit parmi les producteurs, selon qu'il s'agit de montres de précision avec bulletin d'observatoire, de montres-bijoux et joaillerie, de pièces compliquées, de montres soignées et courantes, de régulateurs, de pendules, de réveils, de compteurs variés et d'articles d'exportation.

Ces diversités de production et clientèle se trouvent réparties entre près de 130 fabricants de Besançon, Morteau, Villers-le-Lac, Charquemont, Seloncourt, Beaucourt et de bien d'autres localités.

La fabrication de la montre comporte en outre maintes industries connexes, telles que les ébauches de mouvements, les cadrans, les spiraux, les boîtes, pour lesquelles existent la gravure, la ciselure, le niellage, l'émaillage.

Pour cette variété de pièces détachées et de travaux divers, plus d'une centaine d'industriels se trouvent répartis dans les centres indiqués et encore sur le plateau de Maîche, qui fournit au monde entier certaines pièces de l'échappement.

Tous ces fabricants d'horlogerie et de parties connexes sont formés en syndicats et groupes dont l'ensemble constitue la « Chambre intersyndicale des fabricants d'horlogerie de l'Est », porte-parole des intérêts de cette industrie.

De nombreux organismes concourent également au progrès de l'horlogerie dans notre région. Citons à Besançon : l'Ecole d'horlogerie, dont le Parlement vient de voter la nationalisation ; l'Observatoire, qui a la charge délicate de vérifier et attester la marche des chronomètres ; le Laboratoire de recherches chronométriques de l'Université : l'Ecole municipale de gravure.

Certes, dans de nombreux domaines, des progrès et des réformes sont à accomplir en vue du développement de l'horlogerie française.

Ce que cette industrie demande aux Pouvoirs publics, c'est une protection normale contre la concurrence étrangère, une convention douanière (1906) de près de 20 années ayant été tournée au profit de la contrebande, et ne répondant plus à la situation présente (il suffira d'indiquer qu'une montre d'or paie 0 fr. 50 % de droit d'entrée, quand un châssis d'automobile paie 45 %). Seule, la taxation *ad valorem* pourra atteindre les produits horlogers dans l'infinie variété de leurs genres et de leurs prix, et la Fabrique compte que la nécessité de ce mode de tarification sera reconnue par M. le Ministre du Commerce et le Parlement, lors de la révision prochaine de notre législation douanière.

Ce que l'industrie demande encore, c'est une loi sur les marques d'origine, une confusion étant créée par de grandes marques étrangères qui cachent leur origine au public français.

En retour, il appartiendra aux fabricants d'horlogerie et parties connexes d'envisager avec vigueur les grands problèmes d'intérêt général de leur industrie. Si l'individualisme forme le fond du caractère français, il n'en est pas moins des questions vitales qui ne peuvent se résoudre que par la collaboration étroite de tous les intéressés.

L'industrie horlogère est en bonne voie sous ce rapport, mais son avenir exige qu'elle agisse avec une énergie toujours nouvelle.

DISCOURS

DISCOURS
de M. le Maire de Besançon
A LA GARE

MONSIEUR LE PRÉSIDENT,

Permettez-moi de vous remercier très simplement, mais très sincèrement, de l'honneur que vous avez bien voulu faire à notre vieille cité, en acceptant de lui rendre officiellement visite.

Mes collaborateurs de la Municipalité, les membres du Conseil municipal de Besançon, qui m'entourent et que j'ai l'honneur de vous présenter, ont tenu à venir vous offrir, dès votre arrivée, leurs souhaits de bienvenue.

Nos concitoyens, par l'ardeur qu'ils ont déployée pour donner à leur ville une parure de fête, par l'impatience avec laquelle ils vous attendent, ont déjà manifesté leur joie de vous recevoir : leur accueil, dans quelques secondes, vous fixera sur leurs sentiments à l'égard du Premier Magistrat de la République.

DISCOURS
de M. le Maire de Besançon
A LA PRÉFECTURE

MONSIEUR LE PRÉSIDENT,

J'ai l'honneur de vous présenter les membres du Conseil municipal de Besançon.

Elus sous le régime de la représentation proportionnelle intégrale, venus de tous les points de l'horizon politique, ils sont unis dans la plus cordiale collaboration pour l'administration de la cité dont les destinées leur ont été confiées.

C'est une joie véritable, pour celui qu'ils ont mis à leur tête et auquel ils ne ménagent pas les preuves d'une affectueuse confiance, de pouvoir proclamer aujourd'hui devant vous leur dévouement exclusif, constant et sans arrière-pensée, à la chose publique.

DISCOURS

du Président de l'Association des Mutilés du Doubs

A LA RÉCEPTION OFFICIELLE

MONSIEUR LE PRÉSIDENT,

Au nom des 2.700 membres de l'Association des mutilés et réformés du Doubs, au nom des veuves et orphelins de guerre, je salue respectueusement le chef de l'Etat.

Le département du Doubs a fourni d'héroïques régiments qui, toujours à l'honneur, ont subi de lourdes pertes, et si la liste de nos morts est longue, le nombre des mutilés, veuves et orphelins est grand.

Par notre sang nous avons payé la victoire, mais je suis fier de vous déclarer que nous avons consenti loyalement nos sacrifices pour la grandeur de la France.

Les victimes de la guerre n'oublient point l'aide précieuse que vous leur avez apportée en créant le Ministère des Pensions. Ils vous savent gré d'avoir placé à la tête des services l'homme qui, comme eux, avait souffert des mêmes souffrances et qui pouvait mieux que quiconque faire entendre leurs voix dans les Conseils du gouvernement.

Très hautement, je vous exprime notre confiance dans

le gouvernement de la République, notre foi dans les justes réparations qui nous seront accordées et que la loi des pensions a consacrées en nous nommant les premiers créanciers de la nation.

DISCOURS

de M. le Maire de Besançon

AU BANQUET

Monsieur le Président,

Groupée autour de vous, vibrante et loyale, la Franche-Comté vous salue.

A l'appel de la ville de Besançon, elle est accourue tout entière.

Voici, oubliant ce qui les sépare, les parlementaires de ses quatre départements ; voici ses hauts fonctionnaires ; voici les représentants des municipalités de toutes ses grandes villes ; voici, en un groupe compact, les maires ruraux du Doubs, si attachés à leur devoir que, ce matin encore, en pleine fête, ils ont, dans le sein de leur Association, étudié quelques-unes des questions qui intéressent le plus leurs communes.

Voici, symboles vivants de la fidélité à la petite patrie, les délégués des divers groupements franc-comtois répandus dans la France entière. Certains sont venus de fort loin pour prouver à leurs compatriotes, pour se prouver à eux-même que, déracinés, transplantés ailleurs par les nécessités de la vie, ils n'oublient pas leur terre d'origine.

Une double pensée guide, ce soir, tous ces hommes : ils ont voulu, tout d'abord, célébrer la gloire immortelle de celui dont le monde entier proclame, en ce jour solennel, le pur génie ; ils ont voulu aussi, en glorifiant à nouveau, lors des fêtes officielles de son centenaire, l'un des plus grands hommes qu'ait produits l'humanité, magnifier la terre comtoise qui, en Louis Pasteur, a créé le type le plus parfait du Franc-Comtois.

Celui qui l'a le mieux connu, son biographe, a écrit :

« Ce qu'il aimait à faire pour tous lui plaisait parti-
» culièrement quand il s'agissait de Franc-Comtois. Leur
» caractère simple, parfois un peu rude, leur besoin
» d'aller au fond des choses, leur goût d'indépendance,
» leur courage capable de lutter, des années entières,
» contre la mauvaise fortune, et, dans la vie habituelle,
» leur volonté tenace : il y avait là des qualités et des
» vertus qu'il admirait, sans se douter, dans sa modestie,
» qu'elles se résumaient en lui. Il ne laissait jamais
» échapper une occasion de parler d'eux avec éloges, ou
» de rappeler un souvenir leur faisant honneur. »

Mais ceux qui sont ici n'ont pas seulement entendu glorifier Pasteur : ils ont voulu aussi, sans distinction d'opinions ou de doctrines, apporter leur salut déférent au chef de l'Etat, qui représente la France avec tant de haute dignité ; ils ont voulu, par leur présence, affirmer que, plus particulièrement durant les heures difficiles que notre pays traverse, celui qui a la lourde tâche de diriger ses destinées peut compter sur leur loyalisme et leur confiance.

Et plus d'un a retrouvé, dans le portrait moral que je viens de rappeler du Franc-Comtois et de Louis Pasteur, tracé en mots typiques par René Vallery-Radot, quelques-uns des traits dominants du caractère de celui qui, répondant à notre appel, a fait à la ville de Besançon le grand honneur de lui rendre visite aujourd'hui.

Simplicité parfois un peu rude, besoin d'aller au fond des choses, goût d'indépendance, volonté tenace, est-il, Monsieur le Président, une seule de ces qualités que vos contemporains — amis ou adversaires — puissent vous contester ? Et si ces vertus dominantes des gens de la Comté se retrouvent ainsi en vous, ne sommes-nous pas fondés à penser que les paysans et les marchands haut-saônois, dont le sang coule si largement dans vos veines, vous on transmis les qualités ancestrales d'une race qui, placée aux marches de France, a toujours lutté contre ses ennemis, contre son sol, contre la nature ?

Nous sommes nombreux, ici, qui pensons que, dans la réforme administrative que le pays attend, il faudra ainsi tenir compte des affinités qui unissent les habitants d'une même région, beaucoup plus que des désirs ou des ambitions, même légitimes, de certains centres. La géographie humaine n'est pas un mythe ; elle a des règles qui s'imposent et ne peuvent être transgressées sans danger.

Nous savons, Monsieur le Président, quelle est votre opinion sur le régionalisme et que vous n'êtes pas éloigné de penser, sur cette question, comme les Franc-Comtois qui vous entourent.

Et c'est pourquoi leurs sentiments pour vous, respectueux d'abord, se teintent aussi de cordialité et d'affection. Vous êtes, à tous égards, des leurs.

Monsieur le Président de la République, au nom de la Franche-Comté, la ville de Besançon vous salue !

DISCOURS

du Président du Conseil général

AU BANQUET

MONSIEUR LE PRÉSIDENT DE LA RÉPUBLIQUE,

J'ai l'honneur de vous présenter le déférent hommage du Conseil général du Doubs.

Votre visite nous trouve profondément reconnaissants, Monsieur le Président, car nous y voyons, avec la preuve touchante de votre sollicitude envers nos laborieuses populations, un précieux encouragement à poursuivre la tâche qui nous incombe d'augmenter, dans l'entière mesure de nos efforts, le patrimoine national, par l'amélioration raisonnée de ses ressources matérielles comme par le développement de ses vertus morales, pour le mieux-être de tous et la prospérité du pays.

Cette mission de notre Assemblée départementale apparaît, à coup sûr, bien modeste ; du moins sommes-nous soucieux de la pleinement remplir, au pur exemple de nos devanciers, mémoires très chères, où resplendit d'un incomparable éclat l'immortelle figure, toute de dévouement, de bonté, d'abnégation, de devoir, du grand Français dont le bienfaisant génie, avant d'illuminer le monde, a pris son essor même au beau ciel de notre Comté.

Aussi vous avons-nous une infinie gratitude, Monsieur le Président, d'être venu présider dans notre département le centenaire de Louis Pasteur ; votre haute présence ici nous émeut plus que nous ne pouvons le dire, en ces heures anniversaires, où la conscience de l'humanité tressaille devant la France généreuse, blessée encore, mais fidèle à ses gloires et recueillie dans le souvenir.

Je m'en voudrais de ne pas interpréter le sentiment unanime de mes collègues, en témoignant devant le chef éminent de l'Etat de la confiance que nous avons tous dans l'action, si difficile aujourd'hui, du gouvernement de la République, pour obtenir, avec les réparations auxquelles a droit notre pays dévasté, les garanties de sécurité contre une nouvelle agression, et en affirmant enfin notre loyal attachement aux institutions que la nation s'est librement données : aujourd'hui comme hier, la Patrie et la République demeurent inséparables dans nos cœurs.

En portant à votre santé, je vous demande la permission de vous offrir, Monsieur le Président de la République, nos souhaits respectueux de bonheur.

DISCOURS

de M. de Moustier, sénateur, doyen des Parlementaires du Doubs

AU BANQUET

MONSIEUR LE PRÉSIDENT,

L'âge et de longs services publics nous valent parfois, à la fin de notre carrière, le titre honorifique de « doyen ».

C'est là à tout prendre un privilège qui n'a rien de particulièrement enviable et ce titre n'est pas de ceux dont il m'ait semblé jusqu'ici possible de tirer quelque gloire.

J'éprouve cependant en ce moment un sentiment différent.

N'est-ce pas, en effet, ce titre qui me vaut le plaisir et l'honneur de vous souhaiter la bienvenue au nom de mes collègues du Parlement ?

J'y suis tout particulièrement sensible.

J'y trouve tout d'abord l'occasion de rappeler ici les origines de votre famille, qui créent entre notre cher pays comtois et vous des liens dont nous nous honorons et que nous n'aurions garde d'oublier.

La Franche-Comté peut se glorifier des savants auxquels elle a donné le jour : et quelle plus grande illustration pour notre province que la naissance de celui dont nous célébrons aujourd'hui le centenaire, Pasteur ! la plus haute et la plus pure gloire scientifique de notre patrie.

La Franche-Comté a donné d'excellents artistes, de glorieux écrivains, de brillants soldats. Mais parmi tous ces illustres enfants, ceux qui semblent personnifier encore le mieux le génie propre à la race, ne sont-ils pas à vrai dire nos légistes et nos hommes d'Etat ?

Il y a dans notre caractère un trait particulier et singulièrement marqué : c'est l'obstination comtoise.

Dans ma jeunesse, les anciens avaient encore coutume de dire, non sans un certain orgueil :

« Si vous cherchez à enfoncer un clou dans la tête d'un Breton, vous en émousserez la pointe. Sur la tête d'un Auvergnat, le clou ploiera, mais sur le crâne d'un Comtois, le clou cassera net. »

N'êtes-vous pas de notre pays, Monsieur le Président ?

Ce n'est pas aujourd'hui la première visite dont vous honorez notre vieille cité bisontine. Elle vous a déjà fait en d'autres temps un très chaleureux accueil.

Vous êtes venu présider les fêtes d'inauguration de notre palais de justice. Vous veniez d'être Ministre de la Guerre, dans le cabinet présidé par M. Poincaré.

Vous étiez un de ses plus éminents et de ses plus dévoués collaborateurs. Votre avénement aux affaires fut marqué par un éclatant retour de confiance dans tous les rangs de notre armée, et par un heureux renouveau de patriotisme dans la nation tout entière.

C'est là un inestimable service que vous avez rendu alors à la Patrie à la veille même de ces jours d'horreur tragique où la France a failli périr ; à un moment où tant de Français, au cours de nos querelles intestines, se refusaient à prévoir les dangers auxquels nous exposait le crime qui, de longue main, se tramait contre nous.

Je ne saurais rappeler ici dans le détail le rôle que vous réservait la grande guerre. Le souvenir en est inscrit dans le cœur de tous les patriotes, je veux dire de tous les Français.

Depuis la paix, le pays vous a suivi avec confiance dans toutes les hautes fonctions que vous avez occupées. Vous avez justifié cette confiance soit que vous traciez le grand programme de réformes, de paix et de conciliation à l'intérieur, soit que vous poursuiviez, au milieu des plus inextricables difficultés, surgissant de partout à la fois, la réalisation de la paix extérieure.

Cette paix, vous le sentez mieux que personne, ne saurait être assurée au monde qu'au prix des réparations légitimes et des garanties de sécurité qui nous sont dues. Car la France veut vivre et sa vie est nécessaire à l'équilibre de l'Europe et du monde.

Le pays a foi dans la patiente, prudente et inébranlable fermeté de votre gouvernement.

Aussi est-ce avec une bien vive et bien franche satisfaction qu'en vous remerciant de votre présence parmi nous, je veux vous assurer de notre dévouement patriotique à l'œuvre de paix et concorde intérieure et de salut public que vous poursuivez avec votre Ministère.

ALLOCUTION

de M. Billard, vice-président de la Commission des Hospices

A L'HOPITAL SAINT-JACQUES

Monsieur le Président,

J'ai l'honneur de vous présenter l'ensemble du personnel administratif, médical et infirmier de l'hôpital Saint-Jacques.

En accueillant avec respect le grand citoyen qui, en des temps tragiques, fut, par la parole et par l'action, l'un des plus éloquents apôtres de l'union des esprits et des énergies nationales, je suis fier de lui offrir le témoignage de la parfaite entente, de l'étroite collaboration de tous nos services dans l'accomplissement de leurs devoirs multiples d'assistance et de gestion.

Chacun ici s'efforce de ménager à nos fiévreux, à nos blessés, à nos pupilles, à nos vieillards, une protection toujours plus efficace et plus large.

Dans leur souci fervent de la santé publique, nos médecins et chirurgiens, presque tous professeurs à l'Ecole préparatoire de médecine et de pharmacie, enseignent et appliquent dans leur clinique la thérapeutique que comportent les plus récents progrès de la science.

Inspirée de leurs conseils, encouragée par M. le Préfet, la Commission des hospices poursuit avec fermeté, malgré les difficultés, les lenteurs et les dépenses considérables qu'elle prévoit, la réalisation d'un projet d'hôpital antituberculeux suburbain pour laquelle nous escomptons d'importantes subventions de l'Etat.

Nos aumôniers des divers cultes exercent leur ministère consolateur avec un tact et une mesure auxquels il est juste de rendre hommage.

Nos religieuses enfin, dont la Congrégation est attachée à cet hôpital depuis près de trois siècles, prodiguent à tous, sans distinction d'opinion ou de confession, les trésors de leur sollicitude avertie et de leur inlassable activité.

Chez elles, l'autorité nécessaire n'exclut pas le sourire indulgent.

Volontairement asservies aux besognes les plus humbles qu'elles savent anoblir, elles donnent modestement l'exemple des plus hautes vertus ; aussi méritent-elles une gratitude unanime dont je me fais devant vous le sincère interprète.

Monsieur le Président de la République,
Messieurs les Ministres,

Au nom des personnalités hospitalières qui vous entourent, soyez remerciés d'avoir voulu que le matin d'une journée de fête pour vous si remplie fût d'abord consacré à la visite de malheureux que leur débilité retient à leur lit de douleur.

Votre présence à leur chevet sera pour eux — n'en doutez pas — le plus puissant réconfort. C'est de vous qu'ils tiendront, dans la solitude et le silence de cette austère maison, leur parcelle de la joie commune.

Ils vous en seront — comme nous — profondément reconnaissants.

Votre geste généreux affirme une fois de plus l'attachement passionné du gouvernement à la cause des malades, des infirmes et des indigents.

DISCOURS

de M. le Maire de Besançon

A L'HOTEL DE VILLE

MONSIEUR LE PRÉSIDENT,

Les Bisontins qui, sous un aspect un peu rude, cachent un cœur très sensible, vous seront profondément reconnaissants d'avoir bien voulu vous arrêter quelques instants dans leur Maison commune.

Nos concitoyens sont, en effet, justement fiers de l'histoire de leur vieille cité.

Sans remonter à l'époque quaternaire — contemporaine, affirment les archéologues, de sa fondation, — chacun sait que, capitale des Séquanes, Vesontio comptait déjà, au temps de Jules César, parmi les plus importantes villes de la Gaule. Erigée par Marc-Aurèle en colonie romaine, elle devint, sous la domination de Rome, une grande métropole et le siège d'un vaste commandement militaire.

Au moyen âge, passant de mains en mains, au gré de mariages princiers ou de guerres sanglantes, ses habitants surent, de bonne heure, s'affranchir des tutelles trop étroites. La diplomatie habile de leurs magistrats municipaux, autant peut-être que les batailles meurtrières livrées par les Bisontins, assurèrent à leur cité une commune autonome, maîtresse des clefs de la ville, possédant des droits de justice et de finance étendus, en résumé une liberté presqu'absolue, sous la suzeraineté lointaine de l'empereur.

Puis, c'est le règne de Charles-Quint et de ses célèbres conseillers comtois, la conquête française, le siège de 1674, le transfert dans notre cité du Parlement et de l'Université de Franche-Comté, et la fusion, toujours plus intime, de la Comté et de la France.

C'est, enfin, la Révolution française, et Besançon, fidèle aux idées de liberté et d'émancipation communale, se plaçant au premier rang des villes républicaines...

Je m'excuse, Monsieur le Président, d'avoir ainsi, en quelques mots rapides, rappelé devant vous l'histoire prodigieusement variée de la cité que vous voulez bien honorer de votre visite : je l'ai fait, pensant qu'il convenait d'évoquer, dans ce vieil hôtel de ville, l'effort continu, le labeur puissant et soutenu des générations qui nous y ont précédés.

La tâche qui nous incombe aujourd'hui, si elle n'est ni aussi rude ni aussi dangereuse, n'est, pour autant, ni facile ni simple.

Les communes sont, plus encore qu'autrefois, les cellules vivantes et agissantes de la Patrie et le rôle de ceux qui doivent les administrer est singulièrement complexe. A se cantonner exclusivement dans leurs obligations légales et assurer l'administration normale de la cité qui leur a été confiée, les municipalités doivent déjà dépenser de nombreux efforts.

Et pourtant, à Besançon, nous avons pensé que nous devions faire davantage.

Nous préoccupant de l'amélioration du sort, parfois si précaire, des travailleurs, aidés par la collaboration volontaire de Commissions où les compétences et les dévouements abondent, nous nous sommes attachés soit à créer, soit à favoriser le développement d'un certain nombre d'œuvres sociales : habitations à bon marché, bains-douches, jardins ouvriers, colonies et garderies de vacances, crèches, etc...

N'étions-nous pas amenés à vivre au milieu d'une population ouvrière spéciale, dont la plus grande partie appartient à l'horlogerie ? Or, peut-on envisager une industrie où la collaboration intime de l'ouvrier, du technicien et du patron apparaisse plus nécessaire que dans celle-là ?

C'est cette collaboration qui a permis la création de ces chronomètres fabriqués tout entiers à Besançon, vérifiés et primés par l'Observatoire de Besançon et que je vous demande, Monsieur le Président, Messieurs les Ministres, au nom du Conseil municipal, de vouloir bien accepter en souvenir de votre passage dans la métropole horlogère de la France.

Puissent-ils rester pour vous un symbole de l'union qui doit, sous l'égide de la République et dans la paix sociale, exister entre tous les citoyens de notre chère France.

DISCOURS

de M. le Maire de Besançon

DANS LA COUR DE L'HOTEL DE VILLE

MONSIEUR LE PRÉSIDENT,

J'ai l'honneur de vous présenter les délégués des divers groupements qui composent l'Union des Sociétés de secours mutuels approuvées du département du Doubs.

Animés d'un haut esprit de solidarité, guidés par le seul désir — très noble — d'unir leurs efforts pour lutter contre les risques sociaux et les misères humaines, les mutualistes du Doubs — qui m'ont fait le très grand honneur de me placer à leur tête — accomplissent leur tâche, librement assumée, avec un dévouement et un désintéressement que j'ai le devoir de vous signaler.

Appliquant librement, depuis de longues années, ce que le gouvernement entend réaliser actuellement sous le régime de l'obligation, nos Sociétés sont, sans aucune arrière-pensée, disposées à donner leur collaboration effective à l'application de la nouvelle loi en préparation sur les assurances sociales.

J'ai tenu, Monsieur le Président de la République, à vous en donner, en leur nom, l'assurance devant Monsieur le Ministre de la Prévoyance sociale, en me faisant l'interprète des sentiments de sincère affection que les mutualistes du Doubs gardent à la République et au Président qui, avec tant de dignité et d'éclat, dirige ses destinées.

La cérémonie du palais de justice a pour but non seulement de célébrer Pasteur, mais aussi d'objectiver une province déjà vivante dans ses organismes régionaux au complet.

DISCOURS

de M. le Premier Président

AU PALAIS DE JUSTICE

MONSIEUR LE PRÉSIDENT DE LA RÉPUBLIQUE,
MESSIEURS,

Le cérémonial avec lequel une Compagnie judiciaire a coutume de recevoir un chef d'Etat est d'origine fort ancienne.

Quand Louis XIV eût pris de haute lutte la ville de Dole, il se présenta, le jour même, devant le Parlement qui le reçut en robe rouge.

Magnifique et déférent, le Roi Soleil prêta devant cette Assemblée, qui venait de soutenir vaillamment le siège contre lui, le serment solennel des comtes palatins de Bourgogne.

Vous n'avez pas eu — et pour cause — Monsieur le Président de la République, à prendre pareille attitude de victoire et de respect.

Les magistrats n'ont heureusement plus d'attributions guerrières — elles provoqueraient, à juste titre, l'inquiétude de M. le Général en chef — et vous n'entendrez pas, sous l'écarlate de nos costumes, le cliquetis des armes.

Aussi bien, les portes de la Franche-Comté se sontelles ouvertes, joyeuses, devant vous.

En proclamant, lors de l'inauguration des belles peintures qui ornent notre salle des Pas-Perdus et du buste du bâtonnier Pouillet, où vous représentiez le Conseil de l'ordre des avocats de Paris, vos origines comtoises, vous prépariez déjà, par quelque prévision subconsciente mais légitime, votre voyage et votre triomphe d'aujourd'hui.

Chacun reconnaît ici et salue à votre passage ces qualités d'endurance et de ténacité qui sont celles de la race et qui, communiquées, dès le début des hostilités, par votre voix, à la France entière, ont assuré son salut et sa gloire.

Permettez à la Cour de laisser éclater sa joie particulière ; elle retrouve, dans le compatriote illustre, le collaborateur précieux de la Justice.

Nul doute, Monsieur le Président de la République, que les voûtes de ce palais n'apportent à votre cœur, aux mouvements peut-être plus pressés, les belles sonorités de cuivre de votre propre parole qui a retenti si souvent dans la France envahie, semblable à l'appel du clairon, et où, avant ces instants tragiques, avait si puissamment vibré, au cours de votre noble profession, le meilleur de vous-même.

L'honneur est grand pour nous, de voir un avocat élevé par son mérite, auquel les habitudes et les qualités de la barre n'ont pas été inutiles, au premier rang de l'Etat, venir s'asseoir sur le siège que vous occupez.

Aussi bien, par une fusion, sinon une confusion, de tous les pouvoirs, que la Constitution voudra bien excuser, est-ce un arrêt que nous allons rendre, la confirmation solennelle d'une sentence depuis longtemps rendue par l'universelle opinion.

Sur les réquisitions de M. le Recteur remplissant aujourd'hui l'office de M. le Procureur Général, et que ne contrediront pas vos confrères demeurés fièrement, en ce jour de paix, à leur poste de combat, nous allons proclamer, dans la grande salle du Parlement de Franche-Comté, la gloire impérissable d'un Franc-Comtois, un des plus hauts, assurément le plus bienfaisant génie qu'ait produit l'humanité.

Le souvenir de ce grand homme ne s'est pas figé, dans notre ville, à la porte de l'établissement où il exerça de modestes fonctions. Pendant plus d'un quart de siècle, un de ses collaborateurs et plus fidèles disciples, qui portait avec une si parfaite dignité un des plus grands noms de l'Université et de la pensée, M. le professeur Boutroux, enseigna à la Faculté des sciences, à de longues et parfois brillantes générations d'élèves, avec le culte de son maître, le respect de cette probité intellectuelle et morale qu'il avait reçue de lui.

Penché son existence entière sur les approches du grand problème de la Vie, Louis Pasteur ne s'est pas enfermé dans une contemplation orgueilleuse des nobles jeux de son esprit. Son cœur a guidé ses découvertes, l'a porté là où se rencontraient un bien immédiat à réaliser, un progrès humainement utile à accomplir. Les agriculteurs lui doivent la transformation de ruines en richesses, les industriels des procédés nouveaux, les malades condamnés des guérisons qui semblaient tenir du prodige, la chirurgie et la médecine des directives et des disciplines jusqu'à lui inconnues.

La chimie venait à peine de trouver ses méthodes, il sut en tirer aussitôt pour ses semblables les plus précieux avantages.

Quel enseignement, Messieurs, pour le jurisconsulte ! Certes, la chimie sociale est autrement complexe que la chimie, si vaste et si variée pourtant, des corps inertes, et même celle des organismes vivants. Mais déjà on peut affirmer que, par le heurt de puissants esprits, elle est bien près d'avoir, à son tour, rencontré ses vraies méthodes.

Le temps est proche où, suivant l'expression de l'un d'eux, les données du droit seront traitées objectivement, comme des choses.

Qui donc, nouveau Pasteur, soumettra à la science ces choses singulièrement instables ?

Qui donc tirera de ces connaissances ainsi définitivement acquises de fécondes applications ?

Quel homme d'Etat, soucieux de renommée solide et d'œuvre durable, entreprendra la refonte et la synthèse de nos textes trop nombreux, de nos codes autrefois les plus neufs et les mieux ordonnés, aujourd'hui si vieillis, si hâtivement rapiécés d'étoffes disparates aux endroits où mordit l'usure, qu'il faut le perpétuel miracle des qualités de la race pour qu'en semblable appareil notre droit fasse encore figure de grand seigneur, pour que la jurisprudence de notre Cour suprême ait conservé ses allures de grande dame, et pour que tous deux enfin continuent à briller dans le monde par la distinction de leur maintien, l'élévation de leur pensée, la netteté sobre de leur langage ?

Des esprits d'une autre étendue que ceux que Napoléon attacha à parfaire le plus net de sa gloire, attendent. Qui les mettra à l'œuvre ? Qui leur communiquera l'impulsion directrice ?

Qui fournira à la grande démocratie, initiatrice des peuples, la contexture scientifique indispensable à sa durée et à l'accomplissement de son historique mission ?

Une longue affection que le respect arrête voudrait communiquer sa foi à celui qu'elle sait si digne de réaliser une aussi haute ambition.

Veuillez, Messieurs, excuser ces rêves, et vous, Monsieur le Garde des Sceaux, les appels d'un zèle peut-être indiscret. N'est-ce pas la meilleure façon d'honorer la mémoire de nos grands hommes que de déposer sur leurs tombeaux, comme autant de plantes destinées à les orner et à les fleurir, nos espérances d'une vie qui contiendra plus de lumière, plus de sagesse, plus de noblesse et plus de beauté ?

Comme se détache mieux, auprès de génies bienfaisants tel que celui que nous célébrons aujourd'hui, l'échelle des valeurs humaines !

L'histoire de Besançon est remplie, au XVIIIe siècle, d'une misérable querelle de préséances entre le Parlement et le Recteur de l'Université qui, un jour, à l'église, poussa — impardonnable audace ! — son fauteuil à la hauteur du banc des magistrats. Il fallut, pour mettre un terme à cette guerre singulière, signer un traité en bonne forme.

Que diraient ces parlementaires auxquels le roi prescrivait d'aller « vêtus de long » et auquels il interdisait de raccompagner quiconque viendrait à leur rendre visite, s'ils voyaient, dans la grande salle de leurs audiences d'apparat, par la volonté de leurs successeurs, non pas seulement M. le Recteur, mais l'Université entière assise sur leurs sièges ?

Soyez sans crainte, Messieurs, les grandes figures qui dominent nos têtes ne se montrent pas courroucées.

Elles aussi ont beaucoup appris au fond de leurs tombeaux d'où les tira le pinceau de l'artiste.

Elles savent enfin ce qui vraiment fit leur noblesse. Et vous allez trouver, Monsieur le Garde des Sceaux, par l'évocation de l'œuvre des grands parlementaires qui siégèrent ici, la récompense de la bienveillance que vous avez fait paraître en acceptant l'invitation de cette Cour, et un soulagement aux soucis de votre lourde charge.

Soyez fier de représenter la belle tradition d'indépendance, de désintéressement, de probité et d'honneur de la magistrature française. Nulle part elle ne se manifesta avec plus de force que dans ce lieu plein de passé.

C'est le Parlement qui, parmi ses attributions multiples, s'attacha surtout à réparer les dévastations et les ruines que la guerre avait apportées à la Franche-Comté, tâche dont vous savez, hélas, Monsieur le Président de la République, les difficultés et l'étendue. C'est lui qui, visitant, sans se lasser, les prisons de la province, veilla avec un soin jaloux à ce que nul n'y fût arbitrairement détenu, et sut — en ce temps, heureux privilège — y assurer le respect de la liberté individuelle. C'est lui qui, par sa sage prévoyance, contribua puissamment à faire de cette terre, tard revenue à la mère-patrie, une terre si française.

Voilà ses vrais titres de gloire !

L'honneur n'est plus dans la naissance, dans la fortune, dans le titre et même dans la fonction : il est tout entier dans l'effort accompli en vue de l'intérêt commun.

Enfants de la démocratie, nous ne valons que ce que vaut notre travail.

Qui donc, à cette mesure, fut plus grand que Pasteur ?

Travaillons donc, Messieurs, travaillons ensemble à des œuvres qui se rejoignent.

Par la direction qu'il donna volontairement à son labeur, le grand Comtois ne montra-t-il pas le sentiment profond de cette interdépendance, de cette solidarité humaine où d'aucuns voient l'unique fondement de la morale et du droit et qui en est, pour le moins, un des principaux éléments ?

Avec combien de raison, M. Vallery-Radot, qui

par sa piété filiale, a pour jamais uni son nom à celui de Pasteur, et qui a bien voulu, avec la fille et les petits-enfants du touchant génie que nous célébrons en ce moment, associer leur constante ferveur à notre culte d'un jour, m'écrivait-il récemment : « Ses preuves, sa » vie, reflètent un tel idéal que le sentiment de la justice » s'y trouve partout impliqué. A son empressement à » mettre, avec une parfaite équité, les travaux de ses » collaborateurs en pleine lumière, s'ajoutait une par» faite bonté. »

L'indulgence, la bienveillance, la bonté — même pour le mérite — quelle leçon pour tous !

Le juriconsulte et le savant ne s'attacheraient-ils donc pas à des buts aussi divergents que d'aucuns l'imaginent ?

La vérité et la justice ne seraient-elles pas au contraire, à tout prendre, les aspects différents d'une chose identique ?

Nous n'ignorions pas qu'il n'est pas de justice sans vérité, et voilà que le droit emprunte à la science ses méthodes et que se confirme peu à peu ce que la sagesse antique, — si chère au cœur de Monsieur le Ministre de l'Instruction publique, — en s'efforçant de régler la conduite des hommes sur la marche de la nature, avait, il y a plus de deux mille ans, pressenti, à savoir que la justice n'est qu'une forme de la vérité.

Puisse la France, martyre glorieuse de ses sublimes élans, atteindre la première à ce point où la vérité et la justice, se complétant l'une l'autre, finiront par se confondre !

Alors, Monsieur le Président de la République, devant ceux qui seront assis, comme vous l'êtes aujourd'hui, sur le siège du Juge, les vagues sombres déchaînées par le tumulte des passions humaines ne s'élèveront pas avec fracas, dans un ciel de ténèbres, à la hauteur des monts, pour mourir à leurs pieds, péniblement vaincues.

A peine, dans la radieuse lumière, dociles à la voix du magistrat, les mouvements harmonieux des flots marqueront-ils le grand rythme de la vie.

PASTEUR ET L'ENSEIGNEMENT SUPÉRIEUR

PASTEUR ET LES NÉCESSITÉS DE L'ÉDUCATION NATIONALE

Discours de M. le Recteur

AU PALAIS DE JUSTICE

MONSIEUR LE PRÉSIDENT DE LA RÉPUBLIQUE,

L'Université franc-comtoise, placée sous le haut parrainage du grand Franc-Comtois que la France entière honore aujourd'hui, est heureuse et fière de saluer en votre personne respectée le Premier Magistrat de la République et un ami éclairé de tous les travaux de l'esprit.

Profondément et loyalement attachés aux idées d'ordre et de progrès dans l'ordre qui sont l'essence même du régime républicain, encouragés dans leur enseignement et dans leurs recherches par des sympathies locales et régionales sincères et agissantes, les universitaires de Franche-Comté ont le souci de se rendre de plus en plus dignes de ces sympathies, et de mériter de plus en plus la confiance de tous ceux qui, au Parlement et dans les Conseils du gouvernement, ont témoigné à la recherche scientifique dans nos Universités, aux nobles méditations de la Pensée, à l'Instruction secondaire, primaire et technique, au grand œuvre enfin de l'éducation nationale, l'estime la plus précieuse, la plus active et la plus efficace.

Comment, dans cette radieuse journée de fête, dans cette enceinte où l'Université reçoit, avec les corps constitués, l'hospitalité la plus gracieuse, dans ce cadre solennel chargé des souvenirs du passé, dans cette Assemblée où l'Université ne compte que des amis, comment ne pas se tourner, avec reconnaissance, vers celui qui en est aujourd'hui le centre lumineux et le héros à la fois sublime et paternel ?

Placé très haut par l'admiration de tous et pourtant très près de nous par les pures vertus de son cœur, on se sent attiré vers lui comme par une force irrésistible, celle que, au dire de Platon, la Vérité et le Bien exercent sur les âmes bien nées qui ont la nostalgie des « Idées ».

La naissance du grand Pasteur sur le sol même de cette laborieuse province, son initiation à la vie intellectuelle et scientifique dans des établissements franc-comtois qui en sont restés comme ennoblis, les profonds souvenirs qu'il a laissés dans l'esprit et le cœur de ceux qui, encore pleins de vie et d'activité, ont été honorés de son amitié et conservent pieusement cette première source de la tradition sur laquelle s'est définitivement établie l'histoire, à laquelle s'ajoutera peut-être un jour un peu de cette légende qui est comme l'auréole de la reconnaissance populaire, toutes ces conditions réunies ont créé autour de notre Université une atmosphère privilégiée qui stimule son ardeur et lui assigne de particulières obligations.

Plus que toute autre, peut-être, elle a eu à cœur de méditer les paroles prophétiques par lesquelles, dès 1867, 30 ans avant la constitution des Universités régionales et la rénovation de l'Enseignement supérieur, Pasteur déterminait pour chacune d'elles un but scientifique élevé et, en même temps, ce qu'il appelait d'un mot bien nouveau pour l'époque, leur « utilité pratique ».

L'Université de Besançon a eu à cœur de s'orienter nettement dans le sens indiqué par Pasteur, en organisant, à l'aide de concours précieux, des laboratoires régionaux, et en plaçant ses modestes travaux sous le patronage de son grand nom et sous la tutelle de son génie bienfaisant.

Il fut un temps, pas très éloigné de nous, où les Universités s'imitaient mutuellement, dans une tâche, utile et élevée sans doute, mais vraiment trop uniforme. On ne pourra pas dire de l'Université de Besançon qu'elle imite ses voisines, car elle a pris une physionomie particulière qui n'appartient qu'à elle.

Outre les enseignements fondamentaux qui ont pour but, dans toute Université, de pourvoir au recrutement du professorat par la préparation des licences, agrégations et doctorats, notre Université vous offre un certain nombre de spécialisations originales qui n'appartiennent qu'à elle et qui lui donnent une physionomie franc-comtoise, inimitable partout ailleurs. A tous ceux qui connaissent ces spécialisations et les encouragent de leur confiance et de leurs subsides, aux horlogers, aux métallurgistes, aux agriculteurs, à la Chambre de commerce, à l'Office agricole, aux Conseils généraux du Jura et du Doubs, nous adressons nos plus vifs et reconnaissants remerciements, en souhaitant que vienne un jour prochain où les hautes autorités gouvernementales et parlementaires, qui honorent cette cérémonie de leur présence, voudront bien joindre leurs encouragements effectifs à tous ceux que nous a déjà offerts cette réalité vivante et bien vivante, qui s'appelle la Région franc-comtoise.

La pensée que nous sommes dans la tradition de Pasteur, qui a, le premier peut-être, réclamé cette union intime des Universités avec leur région, cette pensée anime et soutient tous les courages, la ruche est en plein travail et jamais nos chers étudiants n'ont été ni plus nombreux ni plus assidus.

Admirez, Messieurs, la puissance souveraine d'une idée, d'une idée juste : Pasteur avait éloquemment baptisé les laboratoires de l'Enseignement supérieur « les temples de l'avenir, de la richesse et du bien-être » ; il avait fièrement déclaré dans un congrès à l'étranger que « de tous les peuples, celui-là sera toujours le premier qui marchera le premier par les travaux de la pensée et de l'intelligence » ; enfin, le jour de l'inauguration de l'Institut qui porte son nom glorieux, il avait affirmé que « si l'enseignement supérieur ne convient qu'à un petit nombre, c'est de ce petit nombre, de cette élite, que dépend la prospérité d'un peuple ».

Et voilà que ces idées mettent en mouvement et l'opinion publique et le gouvernement : ajourd'hui même, à l'heure présente, dans toutes les villes, dans toutes les communes de France, chacun verse, avec foi, avec espérance, son obole pour la « Journée des Laboratoires ». Le miracle qui a fait sortir de terre l'Institut Pasteur et surgir les millions nécessaires à son œuvre bienfaisante, ce miracle se renouvelle aujourd'hui à la simple évocation de son nom et des impérissables bienfaits de son œuvre de paix, d'amour et d'humanité.

Mais cette œuvre a d'autres vertus. Tournons-nous vers l'Enseignement secondaire, primaire et technique, considérons les 114.000 élèves qui peuplent les quatre départements de cette Académie : nos lycées, collèges, écoles normales, écoles primaires supérieures, écoles techniques et écoles élémentaires de tout ordre. Que pouvons-nous, en nous inspirant des leçons de la grande vie de Pasteur, que devons-nous dire à ces enfants dont l'âme est pour nous comme un dépôt sacré ? dont l'intelligence est peut-être le plus riche des capitaux d'un pays ? dont la moralité et le patriotisme seront demain la parure et la sécurité de la France toujours astreinte à l'énergie et à la vigilance ?

Que leur dire ? Nous leur dirons, et nous leur avons déjà dit, que ce grand Français, né sur le sol de leur province, qui a respiré le même air et contemplé les mêmes horizons qu'eux-mêmes, qui a gravi, entouré de l'estime universelle, tous les degrés des honneurs, et a pu, vivant, entrer dans l'immortalité, nous leur avons dit que cet homme, placé si haut dans l'admiration de tous, avait cependant commencé par être — comme eux — un simple et modeste écolier, mais assidu à tous ses devoirs; comme eux — un fils chéri par ses parents, mais sachant les comprendre, écouter leurs conseils, et quels conseils ! « Regarder en haut, apprendre au delà..., s'élever toujours »; comme eux — un élève, un normalien, un étudiant, mais rempli d'affection pour ses maîtres et brûlant du noble dessein de marcher sur leurs traces, — courageux, persévérant, tenace, opiniâtre, comme un Comtois, dans l'accomplissement du devoir, de tous les devoirs.

Nous leur avons dit que cet homme, véritable incarnation de la bonté, avait ressenti les souffrances humaines et passé sa vie à les soulager ; que ce serviteur passionné de la science et du bien public avait recherché la vérité pour elle-même et n'avait jamais songé à retirer pour lui-même le moindre bénéfice personnel de ses découvertes, qu'il offrait, abandonnait à tous, à la France, à tous les pays, à l'humanité entière, en vrai savant, en vrai Français.

Nous leur avons dit, enfin, que cet homme de devoir, au cœur enthousiaste, bon et généreux, modeste et désintéressé, avait été un grand patriote et qu'il n'avait jamais séparé, ni dans son esprit ni dans ses actes, ces trois nobles préoccupations : Science, Bonté, Patrie.

Nous avons l'intime conviction que ces pures semences, jetées généreusement aux quatre vents de cette province par les bons Français et les bons éducateurs qui m'entourent ; que ces semences, tombées sur un admirable terrain moral préparé par l'hérédité, le milieu, par une sorte d'ambiance traditionnelle et d'esprit de famille, qui sont un des traits les plus remarquables de cette belle et laborieuse province, bien digne d'avoir produit et porté sur son sol la vertueuse lignée des Pasteur, — nous avons l'intime conviction que ces semences germeront bientôt, — que dis-je ? ont déjà germé et produiront bientôt l'abondante moisson de talents et de vertus dont notre chère France a le besoin toujours urgent, toujours nécessaire.

Monsieur le Président de la République,
Messieurs les Ministres,
Messieurs,

Vous connaissez désormais l'Université franc-comtoise. Vous savez quels sont, à tous ses degrés, ses sentiments, son orientation, son idéal.

J'aurais voulu pouvoir vous parler de son passé et de son antiquité vénérable, rappeler qu'il y eut un premier essai de fondation à Gray en 1291 ; une véritable création à Dole le 22 juin 1423 ; un transfert à Besançon, par Louis XIV, en 1691. Nous aurions pu commémorer ensemble le souvenir de ces cinq siècles d'une existence bien remplie !

Mais ce *cinquième* centenaire se fond modestement et disparaît dans l'éclat et dans le triomphe du premier centenaire du grand Géant de la Science qui nous couvre majestueusement de sa gloire.

Laissez-nous donc reporter sur le grand nom de Pasteur, notre modèle et notre guide, sur les magnifiques exemples qu'il a donnés, et aussi sur le dévouement de mes très chers collaborateurs, le mérite de tout ce qui pourrait, ici, avoir conquis vos suffrages et ceux de cette Assemblée d'élite.

DISCOURS

de M. le Maire de Besançon

DANS LA SALLE DE L'ANCIEN PARLEMENT DE FRANCHE-COMTÉ

MONSIEUR LE PRÉSIDENT,

Vous avez bien voulu, il y a quelques instants, faire au Conseil municipal de Besançon le très grand honneur de vous arrêter dans son vieil hôtel de ville.

Pour perpétuer le souvenir de cette visite mémorable, nous comptions vous demander de vouloir bien, à ce moment, apposer votre signature sur notre Registre de délibérations.

Mais les organisateurs de cette séance solennelle ont pensé que la cérémonie qui vient de se dérouler ne prendrait toute sa signification que si la commune de Besançon y prenait une part effective. Ils se souvenaient sans doute que, lorsqu'en 1676, le Parlement de la province de Franche-Comté fut transféré à Besançon, l'ancienne ville libre impériale lui abandonna une partie de sa maison commune, celle qui abritait sa chapelle et son prétoire et que dominait le gracieux campanile qu'entre 1582 et 1585 Hugues Sambin, élève de Michel-Ange, avait élevé au-dessus de l'harmonieuse façade qui fait l'admiration de tous nos visiteurs.

Sans doute aussi se rappelaient-ils les sacrifices faits par la ville de Besançon pour son Université, depuis le jour de son transfert, en 1691, jusqu'à celui tout récent où, pour reprendre une tradition illustrée par des jurisconsultes tels que Dumoulin et Victor Proudhon, elle a, par son seul effort, créé et fait vivre cette Faculté libre de droit dont le rapide succès a démontré l'indispensabilité.

A l'appel qui était ainsi adressé à la ville de Besançon, j'ai répondu avec une joyeuse fierté.

Et c'est pourquoi, Monsieur le Président, à la fin de cette réunion, dont l'archaïsme symbolique matérialise tout à la fois des souvenirs et des espérances, le Maire de l'ancienne capitale de la Franche-Comté vient, sous l'égide de Louis Pasteur, l'un des plus grands et des plus fidèles Franc-Comtois, vous demander de vouloir bien signer, sur le Registre de la commune, un procès-verbal qui rappellera aux générations à venir la visite que vous nous fîtes, et leur apportera l'écho d'une cérémonie où, communiant dans le passé, l'esprit tendu vers l'avenir, les grands corps de la Comté ont, devant le chef de l'Etat, proclamé, avec leur indissoluble union, leur profond, leur indéfectible attachement à la République française.

ALLOCUTION

de M. le Recteur

Nous voudrions, nous aussi, perpétuer, dans nos archives, le souvenir de cette inoubliable journée, consacrée à la gloire et au noble désintéressement de la science française.

Je vous prie donc, Monsieur le Président de la République, au nom de l'Université de Franche-Comté, de vouloir bien apposer votre signature sur le Grand Livre de nos délibérations.

ALLOCUTION

de M. Mairot, vice-président de la Chambre de commerce

AU PALAIS DE JUSTICE

Monsieur le Président,

Il y a près de dix ans, le 10 janvier 1914, vous veniez à cette même place rendre hommage à un éminent avocat franc-comtois, Eugène Pouillet, et votre éloquent discours nous tenait sous le charme de la parole à la fois brillante et concise qui vous avait classé au premier rang du barreau de Paris.

Aujourd'hui, c'est encore la glorification d'un franc-comtois, celui-là illustre entre tous : Louis Pasteur, qui vous ramène parmi nous, investi de la plus haute magistrature de l'Etat, ayant pris brillamment votre place parmi ceux qui ont dirigé nos destinées aux heures critiques de la guerre et dans les joies de la victoire et tenant d'une main vigoureuse le gouvernail au milieu des écueils qui menacent le vaisseau de la France. Nous sommes sans crainte ; nous disons avec vous : « *Fluctuat nec mergitur.* »

L'un des orateurs de la cérémonie consacrée à Eugène Pouillet vous félicitait d'avoir dirigé le Ministère de la Guerre à des heures difficiles et troublantes : il vous disait que l'armée vous aimait et que la France avait confiance en vous : prévoyait-il la valeur que devaient donner à ces paroles les événements prochains ?

La Chambre de commerce de Besançon et du Doubs, au nom de laquelle je prends la parole, s'associe pleinement à cet éloge. Elle vous remercie de l'honneur que vous lui faites en voulant bien signer son Registre de présence ; elle est heureuse d'offrir à vous et à MM. les Ministres la médaille de son centenaire et le rapport qui résume ses travaux.

Empressée pendant la guerre à seconder sur le terrain économique et financier les initiatives de l'Etat, notre

Compagnie a repris, après la paix, la tâche qui lui est assignée par la loi : éclairer les décisions des Chambres et du gouvernement en tout ce qui touche au commerce et à l'industrie, aider par ses conseils ses ressortissants à développer et à faire prospérer leurs affaires.

C'est pour mieux remplir cette tâche que, de concert avec l'Université de Besançon, la Chambre de commerce a récemment créé des Laboratoires d'essais, de recherches, pour la physique, la chimie et la chronométrie. Ces Laboratoires permettront à nos industriels d'appuyer leur pratique sur des faits scientifiquement contrôlés, condition nécessaire, aujourd'hui, de tout progrès ; les conseils de nos professeurs les aideront à suivre les exemples de Pasteur, dont les découvertes furent préparées par de minutieuses expériences.

Le département du Doubs, sans avoir l'importance des régions de Grenoble et de Nancy, est riche en industries : à Besançon, dans les arrondissements de Montbéliard et de Pontarlier, le monopole de l'horlogerie française ; à Montbéliard et dans ses environs, avec les établissements renommés des Japy et des Peugeot, des filatures, des tissages, des ateliers de toute sorte ; à Pontarlier, un développement industriel d'une intensité croissante ; dans l'arrondissement de Besançon, des papeteries importantes, des établissements métallurgiques, des salines, des forces hydrauliques de plus en plus utilisées ; un mouvement commercial et bancaire accru par la reprise des échanges avec l'Alsace, tel est le vaste domaine dont notre Chambre de commerce a la garde.

Nous nous sommes réjouis de constater qu'après la guerre, le travail avait partout repris et que nos chefs d'industrie et leurs ouvriers s'étaient remis résolument à l'ouvrage.

Sans doute, la terrible crise de 1920-1921 ne les a pas laissés indemnes, mais malgré les difficultés de toute sorte, l'amélioration est sensible.

Que l'action entreprise par le gouvernement, avec l'adhésion unanime de la nation, obtienne le résultat souhaité ; que, cédant aux vœux souvent renouvelés des Chambres de commerce, le Parlement modifie les lois fiscales trop compliquées et d'une application difficile, une ère de prospérité s'ouvrira pour notre pays.

S'inspirant des leçons de travail et d'honneur de l'illustre compatriote que vous êtes venu fêter aujourd'hui, fidèles aux traditions laborieuses des paysans qui ont été vos ancêtres, nos industriels, nos ouvriers, nos commerçants redoublent d'ardeur : ils ont supporté les mauvais jours, ils nous préparent un meilleur avenir.

Vous verrez, Monsieur le Président, ce relèvement de la France : vous avez été largement à la peine, vous serez aussi à l'honneur !

ALLOCUTION

de M. le Bâtonnier des Avocats

AU PALAIS DE JUSTICE

Monsieur le Président,

Le 10 janvier 1914, le bâtonnier de notre ordre saluait en vous l'éminent confrère venu à Besançon pour honorer notre compatriote, le bâtonnier Pouillet.

Je salue aujourd'hui en vous le chef de l'Etat et le grand confrère.

Dans l'hommage que nous vous offrons, mes confrères et moi, se mêle à notre profond respect beaucoup de fierté et de reconnaissance.

Nous sommes fiers de voir à la suprême magistrature un grand avocat. Grâce à vous, l'histoire du barreau français se trouve étroitement liée à l'histoire de France, aux plus glorieuses pages de l'histoire de France.

Nous vous sommes profondément reconnaissants de votre fidèle attachement à la robe que nous portons.

Sauf aux époques où le pays a fait appel à votre compétence, à votre dévouement, à votre patriotisme pour assumer la charge des affaires publiques, c'est à la barre, dans les luttes de l'audience, parmi vos confrères, que vous avez voulu vivre toute votre vie.

Et nous aimons à penser que c'est dans nos disciplines et nos méthodes professionnelles que vous avez peut-être acquis quelques-unes des éminentes qualités qui ont fait de vous un grand orateur et un véritable homme d'Etat.

Désireux de conserver précieusement le souvenir de votre visite dans notre palais de justice, nous nous permettons de vous demander respectueusement de bien vouloir apposer votre signature sur le Registre des délibérations de notre Conseil de l'ordre au bas de la mention suivante :

M. Alexandre MILLERAND, Président de la République française, avocat à la Cour d'appel de Paris, venu à Besançon, le 28 mai 1923, pour honorer le savant franc-comtois Pasteur, a bien voulu, en apposant sa signature sur le Registre des délibérations de notre Conseil de l'ordre, nous laisser ce précieux souvenir d'un confrère à la fois grand Français et grand avocat, qui, même parvenu à la Magistrature suprême, a voulu demeurer fidèlement attaché à notre profession.

ALLOCUTION

de M. le Premier Président

AU PALAIS DE JUSTICE

MONSIEUR LE PRÉSIDENT DE LA RÉPUBLIQUE,

A l'exemple de l'ancien Parlement de Franche-Comté, la Cour dresse, sur un Registre spécial, procès-verbal de chacun de ses actes importants. Votre visite trouvera ainsi tout naturellement place dans ses annales.

M. le Greffier a donc rédigé le compte rendu de l'ensemble de la cérémonie à laquelle nous venons d'assister. Soyez sans crainte. Il ne l'a pas écrit de la plume glacée et singulièrement réticente avec laquelle son prédécesseur relatait la visite de Louis XIV au palais Granvelle neuf ans après la conquête. Il n'a pas noté — et pour cause — avec complaisance les saluts silencieux et les omissions peut-être pas entièrement involontaires d'hommages. Les magistrats auxquels nous ferons place liront avec émotion le récit de cette inoubliable solennité et les paroles qui viennent d'y être prononcées. Ils comprendront de quels sentiments tous nos cœurs débordaient pendant que nous unissions, dans une même pensée, la mémoire du grand Franc-Comtois que le monde entier révère, et l'hommage rendu à cet autre fils de notre chère province, parvenu, par son travail et l'éclat de son mérite, à la première magistrature de l'Etat. Ils admireront comment tous deux, d'origine modeste, durent leur gloire à une même obstination laborieuse dans le bien, soutenue par l'énergie accumulée dans leurs veines grâce à l'effort patient de leurs ancêtres comtois. Ils sentiront alors cette solidarité qui unit dans le présent et dans le temps, comme par une longue chaîne, les enfants d'un même sol.

Faites-nous l'honneur, Monsieur le Président de la République, de signer le Registre qui prolonge celui du vieux Parlement de Franche-Comté.

Faites-nous l'honneur, Monsieur le Garde des Sceaux, d'apposer à la signature du chef de l'Etat votre contreseing constitutionnel.

Quand ceux qui nous suivront viendront découvrir vos signatures au-dessus de celles de Premier Président et du Greffier, ils trouveront la marque d'approbation de la Grande Nation au nom de qui ils rendront, comme nous, la Justice.

Et, quand ils rentreront ensuite dans la belle salle de leurs audiences solennelles, ils sentiront tomber, de ses immenses voûtes, le poids plus lourd des souvenirs. La France entière aura, un instant, tenu là.

DISCOURS

de M. le Président de la Société d'agriculture

A LA FOIRE-EXPOSITION

Monsieur le Président,

J'ai l'honneur et je suis heureux de vous exprimer, à votre entrée à la Foire-Exposition de Besançon, les souhaits de bienvenue de tous les exposants et de vous remercier de l'honneur que vous voulez bien leur faire en consacrant à cette Exposition quelques instants de votre passage dans notre ville.

Cette manifestation, Monsieur le Président, a un caractère exclusivement régional. Elle est le résultat d'une collaboration intime et complète entre les producteurs et les consommateurs de la Franche-Comté.

La Société des Foires-Expositions comtoises, qui groupe à la fois des associations agricoles, des industriels, des constructeurs, des commerçants, a jugé qu'à une époque où quelques-uns s'ingénient à opposer entre eux les travailleurs, à faire peser sur certaines classes la responsabilité des difficultés actuelles de l'existence et de la cherté de la vie, elle avait à jouer un rôle utile et bienfaisant en réalisant au contraire la collaboration de tous les travailleurs.

C'est dans cet esprit qu'elle a institué cette Foire-Exposition annuelle où vous verrez présentés côte à côte les produits de l'agriculture et de l'industrie comtoises, le bétail dont la valeur est due à plus de 30 années de sélection méthodique et persévérante de la part des cultivateurs, le lait dont la transformation en fromages de gruyère fait la richesse de notre département depuis plusieurs siècles, grâce à l'esprit coopératif qui anime nos montagnards, les divers produits de l'industrie du bois et de l'industrie du fer, l'ameublement, l'outillage agricole, l'électricité, etc...

Nous sommes tous persuadés, Monsieur le Président, que favoriser le développement de la production agricole, de l'industrie, du commerce de notre belle province, c'est collaborer au relèvement économique de notre pays tout entier ; c'est aider la France à reprendre parmi les nations la place que lui ont préparée ses soldats et qu'il appartient aujourd'hui à nous, travailleurs des champs et travailleurs des villes, de lui assurer et de lui conserver, c'est faire œuvre de bon Français et c'est là, Monsieur le Président de la République, toute notre ambition.

SOMMAIRE

Besançon, imprimerie Millot frères

www.ingramcontent.com/pod-product-compliance
Ingram Content Group UK Ltd.
Pitfield, Milton Keynes, MK11 3LW, UK
UKHW022124170726
13837UKWH00003B/1353

9 782329 197449